자식사냥
잡학사전

KNOWLEDGE
DICTIONARY

○ 세상의 모든 지식을 사냥한다

자식사냥
잡학사전

김상영 엮음 | 신지원 그림

이코노믹북스

지식사냥
잡학사전

초판 1쇄 인쇄일 / 2009년 12월 15일
초판 1쇄 발행일 / 2009년 12월 20일

엮은이 | 김상영
그　림 | 신지원
발행인 | 유창언
편　집 | 이민영
발행처 | **이코노믹북스**

출판등록 | 1994년 6월 9일
등록번호 | 제10-991호

주소 | 서울시 마포구 서교동 377-13 성은빌딩 301호
전화 | 335-7353~4
팩스 | 325-4305
E-MAIL | pub95@hanmail.net / pub95@naver.com

ISBN　978-89-5775-132-9　03000

값 12,000원

제가 처음 인터넷을 접하게 된 건 1999년 봄이었습니다. 그 당시 인터넷을 한 마디로 표현하라면 대부분의 사람들이 '인터넷은 정보의 바다'라고 말하던 시절이었죠.

그 당시 인터넷을 처음 접한 저로서는 인터넷이 '정보의 바다'라는 말이 쉽게 와 닿지 않았습니다. 하지만, 인터넷을 1개월… 2개월… 3개월… 접하게 되면서 '인터넷은 정보의 바다'라는 말이 서서히 피부로 와 닿기 시작했습니다.

지금 이 책을 읽고 계신 독자님들은 엮은이가 인터넷을 처음 접하게 된 이야기가 머리말에 있어 의아해하실지 모르지만, 이 책에 있는 내용의 대부분은 수년 간에 걸친 웹서핑으로 접하게 된 지식들이며, 그 중 독자님들과 함께 공유하고픈 유용한 지식들로만 엮어 보았습니다.

궁금증이 생기면 먼저 정보를 찾아보고 습득하게 된 지식도 있지만, 이 책에 수록된 대부분의 지식은 수년 간의 자연스러운 웹서핑을 통해서 저도 모르게 쌓인 것들입니다.

지금부터 독자님들이 이 책을 통해서 접하게 될 수많은 지식들은 저 또한 몇 년 전만 해도 거의 몰랐던 지식들입니다.

독자님들 또한 제가 오랜 시간에 걸쳐 자연스럽게 지식을 습득했듯 이 책을 항상 갖고 다니며 등·하굣길, 출·퇴근길, 버스 안에서 혹은 잠시 쉬는 시간이나 점심시간에 재미삼아 한장 한장 페이지를 넘긴다면 자신도 모르게 상식이 부쩍부쩍 늘어나리라 확신합니다.

인터넷은 과거도, 현재도 그렇듯 미래에도 넓고 넓은 정보의 바다로 남아 있을 것입니다. 넓고 넓은 정보의 바다에서 얼마나 많은 정보를 자신의 지식으로 만들 것인가는 독자님들의 몫인 것 같습니다.

지식사냥을 본격적으로 나서기에 앞서 독자님들께 한 가지 부탁을 드릴게요.

이 책은 남녀노소 누구나 심심풀이로 읽기 바랍니다. 상식을 넓히는 차원에서 읽으세요. 이 책은 시험을 보기 위해서 읽는 전문서적이 아닙니다. 내용을 정독하며 머릿속에 암기하듯 넣으려 한다면, 시험을 치르기 위해 봐야 하는 교과서나 전문서적처럼 느껴져 흥미를 잃어버릴지도 모릅니다. 부탁드립니다. 자신이 좋아하는 분류의 소설이나 만화책, 혹은 잡지를 보듯이 술~술~ 가볍게 책장을 넘겨주세요. 심심풀이로 이 책을 읽다보면 자연스럽게 상식이 쌓일 거니까요. 절 믿고 꼭 심심풀이로 읽어주세요. 단, 나의 상식이 되었다 싶을 때까지 두 번이고 세 번이고… 반복해서 읽어 주세요.

억지스레 정독하여 읽고 지식을 머릿속에 넣기 위해 암기하는 책이 아닌, 가볍게 읽으면서 자신도 모르게 지식이 머릿속에 쏙~ 쏙~ 쌓이는 책이 되기를 바랍니다.

제 인생에 있어서 언제나 든든한 후원자가 되어주신 부모님, 형제, 그리고 지금 임신 중인 아내와 사랑하는 코리아만세 110만 회원님들과 작지만 소중한 지식을 이 책을 통해 함께 하고 싶습니다. 또한 이 책을 엮기 위해 수고해 주신 집사재 출판사 가족에게도 감사의 말을 전합니다.

본 책에 수록된 내용은 수년 간의 웹서핑 중 자연스럽게 습득하게 된 지식들이며, 엮은이가 접한 정보 중 많은 분들과 함께 공유하고픈 지식을 간략히 수록했습니다.

혹시 저작권 보호가 필요한 내용이 있을 경우 해당 저작권자는 출판사로 연락주시면 명확한 출처 공개 및 저작권 보호에 적극 협조할 것임을 약속드립니다.

그럼 지금부터 알아두면 유용한 지식사냥의 세계로 함께 빠~~져 봅시다.

| 차례 |

제4장_ 신기한 동물, 곤충, 식물의 세계로! 자연 잡학

제7장_ 신비한 우리 몸속으로! 인체 잡학

제9장_ 알려지지 않은 운동경기의 비밀 속으로! 스포츠 잡학

제10장_ 정치세계 속으로! 정치 잡학

제 1 장

다양한 말들의 유래 속으로!
언어 잡학

01

사람에게는 언어 유전자가 있다는 게 사실일까?

사람이 다른 동물과 다른 것은 생각을 한다는 것과 그 생각을 말로 표현함으로써 한 사람의 지식을 집단, 즉 모든 사람의 지식으로 공유하고 그 집단의 지식을 다음 세대에게 전달할 수 있다는 점이다. 사람은 다른 동물들과 달리 수많은 언어를 갖고 있다.

사람과 침팬지의 유전자 구조는 무려 98.75%나 같다는 연구결과가 있다. 사람과 침팬지의 유전적 차이가 1% 정도에 불과하다는 말이다. 그 1%의 차이로 사람과 침팬지는 전혀 다른 존재가 되었다. 과학자들은 그 '1% 차이'가 무엇인가를 찾아내기 위해 연구를 계속하고 있다. 그 연구 결과가 조금씩 밝혀지는 중이다. 최근의 성과는 '언어유전자'의 발견이다.

인간은 '폭스피2FOXP2'라는 언어유전자를 갖고 있다고 한다. 진화과정에서 폭스피2 언어유전자가 돌연변이를 일으켜 인간은 정교한 언어구사 능력을 갖게 되었다.

이 언어유전자는 2001년에 영국의 과학자들에 의해 발표되었다. 그들은 언어장애 내력이 있는 영국인 집안의 유전자 분석을 통해 폭스피2가 인간의 언어구사에 중요한 역할을 한다는 사실을 밝혀냈다. 폭스피2는 인간뿐만 아니라 다른 포유동물도 가지고 있다. 그렇다면 언어구사에 중요한 역할을 하는 폭스피2 유전자를 가진 다른 포유동물은 왜 말을 하지 못할까?

독일 막스 플랑크 진화인류학연구소와 영국 옥스퍼드대학교 연구진은 인간의 폭스피2 유전자에서 중요한 변화가 발생해 침팬지나 쥐 등과는 다른 독특한 언어구사 능력을 갖게 됐다고 발표했다. 사람과 침팬지의 폭스피2 유전자는 염기서열에서 아주 미세한 차이를 나타낸다. 이런 차이가 사람에게 언어능력을 가져다 준 것이다. 모두 715개의 아미노산 분자로 구성된 폭스피2 유전자는 인간의 경우 쥐와는 3개, 침팬지와는 단지 2개만 분자 구조가 다르다고 한다. 이런 미세한 차이는 단백질 모양을 변화시켜 얼굴과 목, 음성 기관의 움직임을 통제하는 뇌의 일부분을 훨씬 복잡하게 형성하고, 이에 따라 인간과 동물의 능력에 엄청난 차이가 발생하게 되었다.

다시 말해 사람의 경우 언어유전자 폭스피2에서 2개의 아미노산이 돌연변이를 일으켰고 그 결과 인간은 혀와 성대, 입을 매우 정교하게 움직여 복잡한 발음을 할 수 있는 능력을 얻게 된 것이다. 두 개의 변이를 제외하면 인간과 다른 동물의 폭스피2는 거의 똑같다.

이 돌연변이가 일어난 시점은 현생인류인 호모사피엔스가 출현한 시점과 일치한다. 폭스피2의 돌연변이는 12~20만 년 전에 처음 일어났으며, 현재 인간이 가진 형태의 유전자 변형은 진화 과정 후기인 1~2만 년 전에 완성되어 빠른 속도로 전파된 것으로 추정된다. 이 연구 결과는 해부학적으로 볼 때 현생인류의 등장이 20

만 년 전이라는 고고인류학 연구와도 일치한다.

아직 이 유전자의 역할이 정확히 밝혀진 건 아니지만, 폭스피2 유전자에 이상이 있는 사람은 실제로 말하기와 문법 등에서 심각한 언어장애가 생긴다.

과학자들은 폭스피2 유전자 외에도 다른 여러 유전자들이 언어 구사와 관련이 있는 것으로 보고 있다. 그래서 현재 쥐의 유전자를 인간의 언어유전자와 비슷한 형태로 변이한 뒤 뇌와 행동 변화를 관찰하고 있다. 사람의 언어와 관련된 유전자는 앞으로 더 많이 밝혀질 것이라고 한다.

02
'삼천포로 빠진다'는 말은 언제부터 썼을까?

'이야기가 곁길로 빠지거나 어떤 일을 하는 도중에 엉뚱하게 그르치는 경우'에 쓰는 '삼천포로 빠진다'는 말에는 다음과 같은 세 가지 유래가 전해지고 있다.

첫째, 옛날에 어떤 장사꾼이 장사가 잘 되는 진주로 가려다가 길을 잘못 들어서 장사가 안 되는 삼천포로 가는 바람에 낭패를 당했다는 이야기에서 나온 말이다. 삼천포가 진주에 비해 작은 도시이기 때문에 그만큼 장사가 덜 되었기 때문이다.

둘째, 진해에 해군기지가 생긴 이래 해군들에 의해 나온 말이라고 한다. 휴가를 나왔다가 진해로 귀대하려면 도중에 삼량진에서 진해로 가는 기차를 갈아타야 한다. 잘못해서 삼천포로 가는 것을 갈아타는 바람에 귀대 시간을 어겨 혼이 난 병사들 때문에 생겨난 말이라는 유래이다.

셋째, 부산을 출발하여 진주로 가는 기차에는 삼천포로 가는 손님과 진주로 가는 손님이 함께 타게 된다. 기차가 계양역에 닿게 되면 진주행과 삼천포행의 객차로 분리하여 운행하게 되는데, 이때 방송을 통해 진주행 손님과 삼천포행 손님은 각각 몇호 차로 옮겨 탈 것을 알린다. 진주를 가는 사람이 실수로 삼천포행을 타는 경우가 종종 발생하면서 생긴 말이라고 한다.

03
왜 좋아하는 노래를 18번이라고 할까?

18번이란 말은 일본의 '가부키'에서 유래된 말이다. 가부키란 일본 민중의 문화로서 노래와 춤, 그리고 연기가 합쳐진 총체극이다. 가부키는 원래 여자들의 가무가 중심이 되어 시작된 무대 연희였다. 가부키는 시간이 지남에 따라 풍속을 문란시킨다는 이유로 여자의 출연을 금지시키고, 대신 남자들의 연희로 변했다. 여자가부키에서 미소년가부키, 성인가부키로 거치면서 남자가 여자 역을 맡는 독특한 연희로 발달되었다.

가부키가 성행하던 17세기 무렵, 일본 가부키 배우 중 이치가와 단주라는 사람이 자신의 가문에 전해 내려오는 가부키 중 크게 성공한 가부키를 정리했다. 이때 그 가운데 가장 재미있는 가부키가 18번째 가부키였다. 여기서 '가부키 18번'이란 말이 생겨났다. 이 말이 전해져 오늘날 우리나라의 '18번'이 되었다고 한다.

04
왜 일본인을 '쪽발이'라고 부를까?

'쪽발이'는 일본인들의 신발인 게다에서 유래된 말이다. 게다는 엄지발가락과 둘째 발가락 사이에, 그리고 둘째 발가락과 새끼발가락까지 끈을 고정해서 그 사이에 발가락을 끼워서 신는 신발이다. 바닥은 나무로 만들어져 있다. 일본인들이 끈이 두 쪽으로 갈라진 나막신인 게다를 신고 다녔기 때문에 일본인을 비하할 때 '쪽발이'란 말을 쓰게 되었다.

05
추석을 왜 '한가위'라고 부를까?

음력 8월 15일은 추석이다. 다른 말로 '한가위'라고도 부르는데 '한'이라는 말은 '크다'는 뜻이고, '가위'는 '가운데'라는 뜻을 가진 옛말이다. 즉 8월 15일인 한가위는 8월의 한가운데에 있는 큰 날이라는 뜻의 순수 우리말이다.

06

'총각김치'는 어떻게 생긴 말일까?

'총각'은 한자어이다. 오늘날 총總은 '다 총'으로 '모두'라는 뜻으로 널리 쓰이고 있지만 원래는 '꿰맬 총', '상투짤 총'으로 쓰이던 한자이다. 각角은 '뿔 각'으로 뿔을 뜻한다.

옛날 우리나라에서는 아이들이 머리를 양쪽으로 갈라 뿔 모양으로 동여맨 머리를 '총각'이라고 했는데, 총각 머리를 한 사람은 대부분 장가가기 전의 남자였다. 이러한 연유에서 생긴 말이 바로 '총각김치'이다. '총각김치'는 어린 무를 무청째 양념에 버무려 담은 김치를 말하는데, 그 어린 무가 마치 '총각' 머리와 닮았다 하여 '총각김치'라고 부르게 되었다.

07

굿바이는 어떤 말에서 유래한 것일까?

헤어질 때 하는 영어 인사말 굿바이는 원래 "God bye" 곧 "God be with you(신의 가호가 있기를)!"에서 온 말이다. 다음 만날 때까지 긴 이별을 뜻하는 "So long"은 이스라엘 사람들의 인사말인 "shalom" 또는 아랍의 인사말인 "sallam"에서 온 말이다.

08

키위는 원래 과일 이름이 아니었을까?

키위의 원산지는 뉴질랜드가 아니라 중국이다. 중국어로 '양따오'인 키위는 유럽에서 '차이니즈 구즈베리'로 불렸다. 1906년에 뉴질랜드에 전해진 키위는 1959년 이후부터 키위라고 불리기 시작했다. 키위를 대량재배하기 시작한 뉴질랜드 사람들이 뉴질랜드의 특산품으로 자리잡은 키위가 많이 팔리도록 하기 위해 키위 새의 이름을 붙였다. 키위 새는 뉴질랜드의 상징으로 날지 못하고, 몸길이는 35cm 정도의 새이다. 뉴질랜드와 그 주변의 몇몇 섬에서만 산다.

09

'OK'는 어떻게 생긴 말일까?

미국의 언어학자 멘켄 Mencken은 'OK'가 미국이 만든 가장 성공한 언어라고 했다. 미국인들은 언제부터 'OK'를 썼을까? 그 어원에 대해서는 의견이 분분하다.

① 미국의 7대 대통령 앤드류 잭슨이 판사였던 시절, 'All correct(좋음)'라고 사인해야 하는데 잘못해서 'Oll korrect'로 사인한 후부터라는 설

② 북미 인디언의 '예스'를 의미하는 'Oke'가 뿌리가 되었다는 설

③ 'Order Recorded'를 잘못 읽었다는 설

④ 미국의 8대 대통령 뷰렌Martin Van Buren을 지지하던 'Old Kinderhook Club'이라는 단체가 근원이 되었다는 설.

이 외에도 여러 설이 있으나, ④설의 지지자가 가장 많다고 알려져 있다.

10

팁을 주는 습관은 언제부터 시작되었을까?

해외에서는 어떤 서비스를 받든 팁을 주는 것이 일상적인 예법이다.

팁을 주는 습관은 옛날 영국의 이발소에서 시작되었다고 한다. 당시의 이발소는

머리를 자르는 것뿐만 아니라 체내의 나쁜 피를 제거하는 간단한 수술도 행하고 있었다. 수술비는 정해진 요금이 없이 '팁Tip'이라고 쓰인 조그만 상자에 손님이 적당한 금액을 넣었다. 이때 '팁Tip'의 의미는 'To insure promptness(재빠름을 보증하기 위해)'였다. 즉, 재빨리 수술을 끝내기 위한 사례비였다. 틀림없이 팁을 듬뿍 주면 그만큼 서비스도 좋고 빨리 끝낼 수 있었다.

11
터키탕은 터키의 목욕탕을 뜻하는 걸까?

터키탕은 우리나라에서만 부르는 이름이 아니다.

터키에는 이슬람교를 믿는 사람이 많다. 이슬람교도들은 목욕을 대단히 중요하게 여겨 종교적 의식으로 행하기도 한다. 19세기 중반 유럽에는 오리엔트 열풍이 불었고 사회적으로 행세 좀 한다 하는 사람들은 너도나도 중동으로 달려갔다. 그때 유럽과 아시아의 관문인 터키의 목욕 풍습은 대단히 인기를 끌었는데, 파리나 베를린, 런던 등에서는 너도나도 '터키탕'을 지을 정도였다.

특히 터키탕이 유명해진 것은 앵그르라는 화가 때문이었다. 1865년 그는 〈터키탕〉이라는 작품에서 엄청나게 많은 나체의 여인들을 그렸는데, 이 작품이 공개된 이후 엄청난 파문이 일었다. 그 이후로 그와 비슷한 형태의 목욕탕은 무조건 '터키탕'으로 불렸다고 한다.

우리나라의 터키탕은 불법적인 윤락행위를 하다가 적발되는 일이 많아 터키 대사관에서 항의한 이래 '증기탕'이라고 불리고 있다.

12

'엿 먹어라' 가
왜 욕이 되었을까?

60년대에는 중학교도 입학시험을 치렀다. 1965년도 중학교 신입생을 선발하는 시험 문제 가운데 엿과 관련된 문항이 있었다. 문제는 엿기름 대신 엿을 만들 수 있는 재료가 무엇인가를 묻는 것이었다. 정답은 디아스타제였다. 디아스타제는 아밀라제의 약명이다. 아밀라제는 우리 침 속에도 들어 있는 녹말을 분해하여 소화시키는 효소이다.

그런데 보기 중에 '무즙'이 들어 있었다. 무에는 디아스타제가 들어 있고, 무즙으로도 엿을 만들 수 있었기 때문에 정답이 될 수 있었던 것에서 문제가 발생했다.

지금도 그렇지만 그때는 소위 치맛바람이 불기 시작한 때로, 자녀에 대한 교육열이 매우 높았다. 문교부(현재의 문화체육관광부에 해당)는 무즙을 오답처리했고, 무즙을 정답으로 써서 낙방한 학생들의 학부모들이 심하게 항의를 했다. 문제 하나가 당락을 좌우할 만큼 입시경쟁이 치열했기 때문이었다. 학부모들은 무즙으로 무 엿을 만들어 관련기관을 찾아다니며 시위를 벌였다.

"엿 먹어라! 무엿 먹어라! 무로 만든 무엿 먹어라!"

중학교 입시 문제 하나로 온 사회가 시끌시끌해졌다. 입시당국은 결국 무즙을 정답으로 처리했다. 당시 최고의 명문인 경기중학교는 정원과 관계없이 38명의 신입생을 더 받아들여야 했다. 이때부터 '엿 먹어라!'는 '혼 좀 나봐라'는 뜻으로 쓰이게 되었다.

13
세계에서 가장 많이 쓰이는 언어는 영어일까?

아니다. 중국어이다.

미국의 일간지 로스앤젤레스타임스는 2000년 1월 23일 언어전문가들과 관련기관들의 광범위한 자료를 토대로 '세계 언어사용 분포'를 보도했다. 이 보도에 따르면 전세계에서 중국어를 1차 언어로 사용하는 사람이 7억2600만 명으로 가장 많았다. 그 다음이 영어(4억2700만 명), 스페인어(2억6600만 명), 힌두어(1억8200만 명), 아랍어(1억8100만 명), 포르투갈어(1억6500만 명), 방글라데시어(벵갈어·1억6200만 명), 러시아어(1억5800만 명), 일본어(1억2400만 명), 독일어(1억2100만 명)의 순으로 사용자가 많다고 한다.

영어는 가장 폭넓게 쓰이는 언어이다. 2차 언어로 영어를 사용하는 사람이 3억5000만 명에 이르러 1, 2차 언어 사용자를 합치면 중국어보다 많다. 영어를 가르치는 나라는 100개국, 영어를 공식 언어로 지정한 나라는 70개국이라고 한다.

우리나라는 세종대왕이 훈민정음을 만들어 반포한 날을 한글날로 기념하고 있다. 한글은 세계에서 유일하게 생일이 있는 문자이다.

미국 UCLA 의대 다이아몬드 교수는 과학잡지인 디스커버리 94년 6월호에 '한글이 세계에서 가장 훌륭한 알파벳'이라는 논문을 발표했다. 한글은 정보화 사회에서 사용하기에 매우 유리한 문자라고 한다. 컴퓨터 자판을 보면 자음은 왼쪽, 모음은 오른쪽에 배치되어 있는데 자음과 모음을 번갈아 쳐야 문자가 완성되기 때문에 손가락의 피로도가 낮다고 할 수 있다.

말로 명령하여 모든 기계를 움직이게 된다는 미래 사회에서도 한글은 매우 경쟁력이 있다고 한다. 한 글자는 하나의 음만을 갖기 때문에 음성인식, 음성합성 등에 아주 유리하기 때문이다. 로마자와 몽골문자의 알파벳은 그 위치에 따라 발음이 달라진다. 같은

'a'라도 아, 어, 애, 에이 등으로 읽힌다. 그래서 발음기호를 적어 주어야만 정확하게 읽을 수 있다. 하지만 한글의 'ㅏ'는 어디에 있어도 '아'로 읽힌다.

제 2 장

문화와 사회의 비밀 속으로!

풍속과 사회 잡학

01

하트는 언제부터
사랑의 표시였을까?

사랑을 뜻하는 ♡(하트)는 원래 사랑을 뜻하는 말이 아니었다.

기독교에서 포도주는 바로 예수의 피를 뜻한다. ♡는 기독교에서 포도주를 넣는 성스러운 그릇인 성배聖盃를 상징했다. 또 영어의 Heart(하트)는 프랑스어 퀘르(심장)에서 유래했다. 다시 말해 ♡는 붉은 피가 끓는 심장과 피를 담는 그릇인 성배의 상징적 의미가 결합된 것이다. 그러다 심장이 사랑의 근원지로 여겨지면서부터 자연스레 사랑을 상징하는 마크가 되었다.

02

네잎 클로버와
세잎 클로버는
무엇을 뜻할까?

예부터 유럽에서는 클로버를 신성하게 생각했다. 5세기경 아일랜드인의 종교를 가톨릭으로 개종시켜 아일랜드의 성자가 된 성 패트릭이 삼위일체설을 세잎 클로버에 비유하여 설명한 이래 세잎 클로버는 사랑과 희망, 신앙의 상징이 되었다. 네잎 클로버는 그 모양이 십자가와 비슷해 행운의 상징이 되었다는 설도 있다.

네잎 클로버가 행운을 뜻하게 된 것은 나폴레옹의 일화에서 유래했다. 나폴레옹이 네잎 클로버를 보려고 고개를 숙이는 순간 총알이 빗겨갔고 이로 인해 목숨을 건졌다는 이야기는 매우 유명하다. 죽음을 비켜갈 만큼 행운을 가져다준다는 의미이다.

사실 네잎 클로버는 돌연변이종으로 찾기 힘들지만 클로버는 일곱잎까지 나기도 한다. 다섯잎 클로버는 경제적 번영을, 여섯잎 클로버는 지위와 명성을, 일곱잎 클로버는 무한한 행복을 뜻한다고 한다.

그럼 보통의 세잎 클로버는 무엇을 뜻할까? 클로버가 뜻하는 꽃말은 행복이다. 대개의 사람들은 자기 주변의 행복을 느끼지 못하고, 언제 찾아올지도 모르는 네잎 클로버 같은 행운만을 바라며 살아간다. 지금부터라도 너무 흔하게 여겨 느끼지 못했던 주위의 작은 행복을 소중히 생각한다면 네잎 클로버를 발견하여 얻은 행운의 기쁨보다 더 값지고 소중한 행복을 얻게 된다.

03

트럼프 카드라는 말은 정식 명칭일까?

정식 명칭은 플레잉 카드 playing card라고 한다. 트럼프trump라고도 불리기는 하지만, 이 말은 카드 용어로서 으뜸패를 뜻하는 말일 뿐이다. 보통 52장의 카드와 1 ~2장의 조커joker가 1벌로 되어 있다. 52장의 카드에는 스페이드(♠), 하트(♥), 다이아몬드(♦), 클럽(♣)의 4가지 중 한 마크가 붙어 있다.

이 마크를 카드 용어로는 수츠suits라고 한다. 각 수츠에는 A ace, Kking, Qqueen, Jjack, 10, 9, 8, 7, 6, 5, 4, 3, 2의 13매가 있어 모두 52장이다. K, Q, J를 그림카드라고 하며, 경우에 따라서는 A와 10도 그림카드로 취급한다.

플레잉 카드의 기원에 관해서는 여러 가지 설이 있으나, 동양에서 발생하여 유럽으로 전해졌다는 점에서는 거의 일치하고 있다. 각 기원설을 살펴보면 다음과 같다.

중국에서 이것은 점을 칠 때 쓰던 화살이 놀이나 점을 치는 데 사용되는 막대기로 변했고, 종이가 발명됨에 따라 카드로 된 것이라는 주장이다. BC 2세기에서 AD 2세기 사이에 초기의 형태가 만들어진 것으로 추정되며, 이것이 실크로드를 통해서 서양으로 전해졌다고 하는데, 이 설이 현재로써는 가장 유력하다.

인도에서는 카드와 장기가 유사점이 많다. 장기가 인도에서 발명되었다는 설이 거의 확실하므로 카드도 인도에서 발생했다는 설이다.

이집트에서 이것은 18세기에 쿠르 드 제블랭이 만든 것이란 설이 있다. 서양에서 카드의 옛날 형태인 타롯의 22장 카드는 일종의 상형문자와 뜻을 가진 그림으로 풀이되고 있는데 이집트 고대 서적의 변형이라는 설이 있다.

카드의 4가지 마크는 무엇을 의미할까?

트럼프의 4가지 마크는 하트, 스페이드, 다이아몬드, 클럽인데 이들 마크에는 각각 다음과 같은 의미가 있다.

트럼프는 점을 치는 타로 카드가 변화하여 생긴 것인데, 타로에는 승려의 상징인 성배, 군인의 상징인 검, 상인의 상징인 화폐, 그리고 농민의 도구인 방망이 등의 네 마크가 있다. 이는 중세 유럽의 신분계급을 나타낸 것이다. 이 네 마크가 각각 하트, 스페이드, 다이아몬드, 클럽의 뿌리가 되었다. 다시 말해, 하트는 원래 잔의 형태였으나 하트로 불리는 동안 심장의 형태로 변했다. 스페이드는 검의 형태로, 검을 의미하는 이탈리아어 '스파다'가 그 어원이다. 다이아몬드는 부의 상징인 다이아몬드에서 그 형태를 받았다. 클럽은 방망이에 붙어 있던 클로버가 마크의 기원이 되었다고 한다.

7은 왜 행운의 숫자가 되었을까?

동서양을 불문하고 행운의 숫자와 불운의 숫자가 있다. 서양에서는 행운의 숫자로 럭키 세븐(행운의 7)을 꼽다. 무엇에 그 기원을 두고 있을까?

고대 이스라엘에서 7은 성수聖數, 6은 악마의 수로 생각했다. 7은 하늘의 수(3)와 땅의 수(4)를 더한 숫자로 세계의 모든 것을 나타낸 것이라고 여겼다.

기독교와 유대교의 공통 성전인 구약성서에는 7과 관련된 많은 기록이 있다. 기독교의 신인 여호와가 천지를 창조하는 데 걸린 시간이 7일이고, 그것을 기념하는 성스러운 안식일도 7일째이며, 노아에게 예견된 홍수까지의 유예기간도 7일이었다. 농경을 금지한 안식의 해는 7년간, 촛대는 7자루, 괴력으로 알려진 삼손은 머리카락을 7가닥으로 땋고 그의 결혼식은 7일간 계속되었다는 등 7과 관련된 기록은 셀 수 없을 만큼 많다. 신약성서에도 7성인聖人, 묵시록에 있는 7개의 눈과 7개의 뿔을 가진 새끼 양, 성령聖靈의 은혜를 나타내는 신의 자리御座 앞의 7개의 영혼 등 많다. 기록은 서양에 기독교가 널리 전파되면서 7이 행운의 숫자가 되었다고 한다.

그러나 럭키 세븐의 직접적인 유래가 된 것은 1930년대 빅 리그의 NY자이언츠(현 SF 자이언츠)가 7회 공격에서 대역전극을 벌인 경기에서 비롯되었다.

'13일의 금요일' 은 왜 나쁜 날일까?

13일의 금요일은 흔히 재수 없는 날이라고 한다. 이는 종교적 이유에서 비롯되었다. 기독교에서 신으로 추앙받는 예수는 체포돼 사형될 것을 예견하고 12명의 제자와 함께 만찬을 들었다. 최후의 만찬 도중 예수의 12제자 중 한 명인 유다가 예수를 배반하고 병사들을 불러왔고 예수는 잡혀갔다. 다음 날 예수는 십자가에 못 박혀 죽었다가 3일 만에 부활했다고 한다. 이 날이 일요일(주의 날)이므로 역산하면 예수가 죽은 날은 금요일이다.

위와 같은 일 때문에 기독교도들은 13이라는 숫자에 배반과 불행이 담겨 있다고 믿게 되었다. 금요일 또한 불길함과 고통을 상징하는 날이 되었다. 13일이 금요일이면 훨씬 재수가 없는 날이 되고 말았다. 심지어 오늘날까지도 서양에서는 13명이 함께 회식을 하면 그 해 안에 한 명이 죽음을 당한다는 미신이 있다고 한다.

우리나라 사람들이 숫자 4를 죽을 死자와 음이 같다는 이유만으로 싫어하듯, '13일의 금요일'을 서양 사람들이 싫어하는 것 또한 이와 같은 미신의 일종이다.

07
초상집에 갈 때 검은 상복을 입게 된 것은 어떤 이유에서였을까?

서양 사람들은 장례식 때 검은 옷을 입는다. 우리나라에서도 초상집에 문상을 갈 때 죽은 사람을 애도하는 예를 갖추기 위해서 검은 옷을 많이 입는다.

원래 사람들이 검은 옷을 입는 것은 죽은 사람을 멀리하기 위해서였다. 죽은 사람의 영혼이 자기를 몰라보게 하기 위해서 검은 옷을 입었다. 죽은 사람의 귀신이 자기를 알아보고 쫓아와 자기 목숨을 노릴지도 모른다는 두려움 때문에 검은 옷을 입게 되었다.

중국인들은 흰색이나 자주색 상복을 입고, 이집트인들은 노란색 상복을 입는다. 집시들은 빨강색 상복을 입는다고 한다.

08
넥타이는 언제부터 맸을까?

넥타이의 시작은 방한용 목도리neckerchief였다. 이것에 색과 무늬, 매는 법 등을 고안하여 멋에 대한 의미를 부여한 것이 보헤미안타이로 오늘날의 넥타이의 원형이다.

한편, 신사복은 만들어질 당시에 하급 궁정관리의 옷이었는데 계급사회가 무너지면서 격식을 차린 옷으로 변했다. 19세기에 들어서면서 신사복은 남성의 옷으로 정착했다. 이 신사복에는 커다란 보헤미안타이의 가슴부분이 너무 좁았기 때문에 네커치프는 점점 벨트형태로 변하게 되었다. 그 후 나비넥타이가 생기고 벨트모양의 끈은 길이가 길어져 지금과 같은 넥타이가 되었다고 한다. 양복의 정착과 함께 넥타이는 장신구로써 정장의 기준이 되었다.

09
예수의 생일은 12월 25일이 정말 맞을까?

12월 25일은 예수의 생일이라 하여 크리스마스라 부르고 이를 기념한다. 하지만 사실 예수의 탄생일이 언제인지는 모른다.

예수의 탄생에 관한 논쟁은 3세기에 알렉산드리아의 클레맥스가 5월 20일경이라는 주장을 발표한 이후로 1700년 이상이나 계속되고 있다.

원래 12월 25일이 예수의 생일이라는 배경에는 이유가 있다. 기독교를 믿지 않는 이교도들은 해가 가장 짧은 동짓날을 태양이 죽고 다시 태어나는 날로 생각했다. 그들은 이를 기념하는 의식을 행하고 큰 축제를 벌였다.

기독교인들은 초기에 이러한 토속 신앙과 대립하고 있었는데 이교도들에게 중요한 동짓날의 축제를 아주 없앨 수는 없었다. 예수의 탄생일을 12월 25일로 정한 이면에는 이교도들의 토속신앙을 흡수하려는 전략이 숨어 있었다. 그 이후 유럽의 원시 종교는 모두 기독교에 흡수되었다고 한다.

10
산타클로스는 원래부터 빨간 옷을 입었을까?

산타클로스는 3세기경 소아시아 지방 미라의 대주교였던 세인트(성) 니콜라스(라틴어로 상투스 니콜라우스)의 이름에서 유래되었다. 남몰래 많은 선행을 베풀었던 그는 사후에 아이들과 항해자의 수호성인이 되었다.

성 니콜라스의 전설은 노르만족에 의해 유럽으로 전해졌다. 12세기 초 프랑스의 수녀들이 니콜라스 축일(12월 6일) 하루 전날인 12월 5일 성 니콜라스의 선행을 기념하여 가난한 아이들에게 선물을 주기 시작했고, 이 풍습이 유럽 전역으로 퍼졌다. 네덜란드 사람들은 산 니콜라우스라고 불렀는데, 특히 17세기경 아메리카 신대륙에 이주한 네덜란드인들은 산테 클라스라고 불러 자선을 베푸는 사람의 모델로 삼았다. 이 발음이 그대로 영어가 되었고 19세기 크리스마스가 전세계에 알려지면서 오늘날의 산타클로스로 변했다고 한다.

오늘날처럼 산타클로스가 순록이 끄는 썰매를 타고 다닌다는 이야기는 1822년 성탄절 이브로, 뉴욕의 신학자 클레멘트 무어가 쓴 '성 니콜라스의 방문'이라는 시에서 처음 등장한다. 본래 날렵하고 키가 큰 모습의 산타클로스가 통통한 볼에 뚱뚱한 모습을 하게 된

것은 토마스 나스트라는 19세기의 만화가가 20년 동안 잡지에 성탄절 삽화를 그리면서 완성한 이미지이다. 현재처럼 빨간 옷을 입게 된 것은 1931년 미국의 코카콜라사가 겨울철 콜라 판매량이 급격히 감소하자 이를 타개하기 위한 홍보 전략으로 코카콜라의 이미지를 연상시키는 빨간 코트를 산타에게 입혀 백화점 홍보에 나선 것에서 유래했다고 한다.

11

크리스마스에는 왜 트리를 장식하는 걸까?

12월이 되면 거리의 상점들은 크리스마스트리를 장식하고 징글벨을 울린다. 본래 크리스마스트리는 덕지덕지 장식하는 것이 아니었다. 크리스마스트리는 16세기의 종교개혁자 마틴 루터가 전나무에 양초를 켜서 크리스마스를 축하한 것이 시작이다. 그는 크리스마스트리를 별이 빛나는 밤하늘로 생각했다고 한다. 그가 전나무를 크리스마스트리로 택한 이유는 한겨울에도 가장 녹색이 짙고 그 형태가 교회의 뾰족한 탑과 닮았기 때문이라고 알려져 있다. 크리스마스트리의 모델은 신성한 교회였다.

12

이슬람교인은 왜 부인이 여럿일까?

남자라면 누구나 일부다처제를 꿈꿔본 적이 있을 것이다. 이슬람 국가 중에는 일부다처제를 인정하는 나라들이 많다. 하지만 이 제도는 결코 남자를 위해 생긴 것이 아니다. 이슬람교를 창시한 마호메트가 이교도와 전쟁을 벌이는 동안 많은 전쟁미망인들이 생겼다. 마호메트는 이 미망인들을 부양하기 위해 일부다처제를 인정했다. 마호메트에게도 12명의 부인이 있었다고 한다.

13

유태인이 '고리대금업자'의 대명사가 된 이유는 뭘까?

셰익스피어의 『베니스의 상인』에 나오는 샤일록은 고리대금업자의 대명사임과 동시에 '유태인=고리대금업자'라는 이미지를 만들어 냈다. 사실 현재에도 국제금융 세계를 지배하는 사람 중에는 유태인이 많다. 본래 유태교에서 이자를 받고 돈을 빌려주는 일은 죄가 된다. 중세 초기에 유태인 학자들은 유태인이 유태인에게 이자를 받는 것은 죄가 되지만 이교도인 크리스트교도와의 거래에서는 상관없다는 설을 주장했고, 이후부터 유태인들은 금융업에 손을 대기 시작했다고 한다.

14

남녀 성별 기호 (♂·♀)는 어떻게 만들어졌을까?

남성을 나타내는 기호(♂)는 그리스 신화에 나오는 전쟁의 신 '아레스'가 창과 방패를 가지고 있는 모습을 표현했다. 여성을 나타내는 기호(♀)는 사랑의 여신 '아프로디테'가 가지고 있던 손거울의 모양을 상징한다. 로마 신화에서는 전쟁의 신 '아레스'를 '마르스'라고 부르고, 사랑의 여신 '아프로디테'를 '비너스'로 부른다.

15

'아홉수'에 결혼을 꺼리게 된 이유는 무엇일까?

보통 아홉수에 해당되는 해(19, 29, 39살~)에는 가정의 대소사를 치르지 않는다. 이제 서른을 바라보는 노총각, 노처녀도 29살 되는 해에는 결혼식을 미루기도 하고, 어르신의 회갑 전해(59세)에는 생일잔치를 생략하기도 한다. 심한 경우에는 가장이 아홉수에 걸려 있는 해에는 이사를 하지 않는다. 이처럼 아홉수를 싫어하는 이유는 9라는 숫자가 수의 한 단위가 변하기 전의 마지막이라 아슬아슬한 느낌을 주기 때문이다.

즉, 무언가를 이루기 직전 불의의 사건으로 인해 일을 그르칠까 두려워하는 데서 연유된 '조심과 긴장'의 숫자가 9이기 때문에 '아홉수'라는 것이 생겨났다는 설이 가장 설득력 있는 설로 받아들여지고 있다. 아홉수도 모두에게 해당되는 것이 아니라 12지신 중 9번째 동물인 원숭이가 자수에 든 사람이 조심해야 한다고 알려져 있다.

그러나 요즘은 29살에 결혼하는 사람들을 그리 어렵지 않게 볼 수 있다. 요즘 신세대들은 아홉수에 크게 신경 쓰지 않고 생활을 하고 있으며, 아마도 세월이 흐름에 따라 아홉수에 대한 이야기는 차츰 잊혀버릴지도 모른다.

16

왜 제야의 종은 33번 칠까?

새해 첫날 제야의 종을 33번 치는 것은 조선시대에 사대문 개방(이른 새벽)과 통행금지 해제를 알리는 타종을 33번 친 데서 비롯되었다.

시계가 없던 시절, 사람들은 해를 보고 시간의 흐름을 짐작했다. 해시계가 보급된 후에는 조금 나아졌지만 밤중에 시간을 몰라 답답해했다. 이러한 백성들에게 시간을 알려주는 것이 나라가 맡은 일 가운데 큰일에 속하는 것이었다. 자시, 축시, 인시 등으로 나뉘었던 하루 12시간 중 밤에 해당하는 5시간, 즉 술시에서 인시까지를 다시 초경, 이경, 오경으로 나누어 각 경마다 북을 쳤다. 각 경은 다시 5점으로 나누어 각 점마다 징이나 꽹과리를 쳐서 백성들에게 시간을 알렸다.

모든 백성이 이 소리를 들을 수는 없었기 때문에 사대문이 닫히고 주민 통행금지가 시작되는 이경(밤 10시경)과 통행금지가 해제되는 오경(새벽 4시경)만큼은 종로 보신각에 있는 대종을 쳐서 널리 알렸다. 이경에는 대종을 28번 쳤는데 이를 '인정'이라 했고, 오경에는 33번 쳤는데 이를 '파루'라 했다. 인정에 28번을 친 것은 우주의 일월성신 이십팔수(28별자리)에게 밤의 안녕을 기원한다는 의미였다. 파루에 33번을 친 것은 제석천(불교의 수호신)이 이끄는 하늘의 33천에게 하루의 국태민안을 기원한 것이었다고 한다. 한 경은 오늘날 시간으로 2시간, 한 점은 24분에 해당한다.

17

발렌타인데이가 만들어진 까닭은?

발렌타인은 3세기경 로마 시대의 사제였다. 당시 결혼은 황제의 허락이 있어야만 할 수 있었다. 황제는 병사들이 결혼하면 용맹성이 떨어진다고 생각해서 병사들의 결혼을 좋아하지 않았다. 그런 때에 발렌타인은 서로 사랑하는 젊은이들을 결혼시켜준 죄로 순교했다.

2월 14일은 그의 순교일로 이를 기리기 위하여 해마다 애인끼리 사랑의 선물이나 연애편지를 주고받는 풍습이 생겼다.

우리나라에서 발렌타인데이에 초콜릿을 건넴으로써 사랑을 전하는 풍습이 생겨난 것은 1970년대였다. 발렌타인데이 문화가 우리나라로 넘어오면서 일본 초콜릿 판매업자들이 판매를 늘리기 위한 상술로 발렌타인데이에 초콜릿을 주고받는 풍습을 퍼뜨렸던 데서 비롯되었다.

최근에 등장한 빼빼로데이, 로즈데이 등도 해당 상품의 매출을 올리기 위해 관련 업체들이 만든 상업적인 날로 발렌타인데이의 초콜릿 판매를 성공시킨 마케팅기법을 따라해 퍼뜨렸다.

<table>
<tr><td>

18

신혼여행을 왜
허니문이라고 할까?

</td><td>

공항이나 역에 가면 허니
문커플인 신혼부부를 배웅
하는 장면을 심심치 않게 볼
수 있다. 사랑하는 사람들이
서로 짝을 이뤘으니 이보다
더 행복할 수는 없을 것이

</td></tr>
</table>

다. 허니문이라는 말은 그래서 신혼부부에게 꼭 어울리는 말이다.

그러나 그 유래는 다른 데서 찾아야 한다. 옛날부터 인류는 꿀로
술을 만들었다. 꿀로 만든 술은 건강에 좋은 음료였다. 고대 게르
만인들은 태어날 아이를 위해서 신혼 1개월 동안은 꿀로 만든 술
을 마셔서 정력을 강하게 하는 습관이 있었다고 한다. 이 꿀로 만
든 술을 마시는 1개월간이 허니문의 유래이다.

다음의 옥스퍼드사전에 있는 허니문에 대한 설명은 꽤나 냉소적
이다.

'허니문의 문은 우주에 떠 있는 달로서 꿀의 달콤함도 한때이며
부부간의 애정은 점점 식어간다. 그것을 달에 비유한 것이다.'

<table>
<tr><td>

19

에스키모와 몽골족은
왜 손님에게 아내를
빌려줄까?

</td><td>

에스키모, 몽골족뿐만 아
니라 오지에 사는 많은 종족
이 자기 집을 방문하는 남자
손님에게 아내를 제공하는
풍습이 있다. 곳에 따라서는

</td></tr>
</table>

아내를 서로 교환하기도 한다.

이들 오지에 사는 사람들은 근친끼리 결혼해야 하는 경우가 대부분이었다. 이웃이라고 해도 너무 멀리 떨어져 있었기 때문이다. 잘 아는 대로 근친끼리 결혼을 거듭하다 보면 열성이 유전되는 경우가 많다. 그것을 방지하기 위해서 오지에 사는 사람들은 새로운 유전자를 지닌, 외지에서 온 남자 손님에게 아내를 빌려주는 풍습을 갖게 되었다.

이것은 인륜을 저버리는 행동이 아니라 좀더 나은 종족을 보존하려는 고육지책으로 생긴 풍습이다.

20

생일날을 왜 귀빠진 날이라고 할까?

아기가 태어날 때는 보통 머리부터 나오게 된다. 만일 다리부터 나오게 되면 산파는 아기를 다시 어머니 자궁 속으로 밀어 넣어 머리부터 나올 수 있도록 유도한다.

아기의 머리부터 나오게 되면 머리둘레가 큰 이마 부분이 나오기 시작할 때 산모는 매우 큰 고통을 느낀다. 그러다가 아기의 귀가 보이기 시작하면 그 고통이 줄어든다. 여기서 산파는 산모를 안심시키기 위해 '귀빠졌다'는 것을 알려주었다. 귀빠진 날은 바로 여기서 유래한 말이다.

제 3 장

유명한 작품 속으로!

예술 잡학

01
로댕의 '생각하는 사람'은 무엇을 생각하고 있는 걸까?

로댕의 작품 가운데 가장 유명한 '생각하는 사람'은 무엇을 생각하는 것일까?

예전에는 우스개로 "내 팬티 어디로 갔나?"를 생각하고 있는 것이라는 말이 유행한 적도 있었다.

'생각하는 사람'은 인간이 지옥으로 떨어져 괴로워서 버둥거리는 모습을 생각하고 있는 형상이라고 한다. '생각하는 사람'은 로댕이 단테의 '신곡'을 모티브로 만든 '지옥의 문'이라는 작품군 중의 하나이기 때문이다. 그는 진지하게 인간의 업 혹은 숙명, 신과의 관계 등 철학적인 고민을 하고 있었다고 추측된다.

반대로 '생각하는 사람'은 아무것도 생각하지 않고 있다는 설도 있다. 그 근거는 '생각하는 사람'이라는 제목은 로댕이 붙인 것이 아니라 이 청동상을 주조한 레디에란 인물이 자기 멋대로 붙였기 때문이다.

02
미로의 '비너스'의 잘려나간 양손은 어떤 모습을 하고 있었을까?

루브르미술관 소장품 가운데 3대 미술품의 하나로 꼽는 '미로의 비너스'는 역사상 가장 아름다운 여성상으로 불리고 있다. 1820년

그리스의 미로 섬에서 발견되었을 때 비너스는 이미 양팔이 없었다. 이 비너스상은 기원전 4세기경에 만들어진 것을 기원전 2세기경에 모방하여 조각한 것으로 추정되고 있는데, 그 팔이 어떤 형태였는지를 증명할 수 있는 것은 아무것도 없다.

많은 연구자들은 여러 가지 설을 발표했지만 정설은 없다.

감고 있는 천을 벗으려 하고 있다는 설, 왼손에 사과, 오른손에 천을 잡고 있었다는 설, 옆에 또 다른 인물상이 있어서 그 사람에게 손을 내밀고 있었다는 설 등이 분분하다. 또한 본래 팔은 없지 않았을까 하는 기이한 설도 있다.

비너스상은 양팔이 없기 때문에 오히려 몸의 라인이 아름답게 보여 영원한 미녀상이 되었다고 한다. 만일 팔이 있다면 고고학적, 역사학적인 가치는 있더라도 예술품으로써는 가치 없는 조각이 되었을 것이라는 얘기도 있다.

03

음악의 계이름인
도레미는
언제 생겼을까?

뮤지컬 〈사운드 오브 뮤직〉에는 유명한 도레미송이 나온다. 서양 7음계의 각 음에 이름을 붙인 사람은 누구일까?

도레미파솔라시도를 만든 사람은 11세기 이탈리아의 귀도라고 한다. 그는 성당에서 지휘를 맡고 있었는데, 그가 성가대의 발성연습을 시킬 때 만들었다고 전해지고 있다. 그가 가르치던 성가 〈성 요하네스 찬가〉는 각 마디의 첫 음이 한 음씩 높아지는 노래였다. 그는 각 마디의 첫 음을 내게 하여 발성연습을 시켰는데 그것이 도레미파솔라시도의 기원이 되었다고 한다.

그 라틴어의 가사는 다음과 같다.

Ut queant laxis / Resonare fibris / Mira gestorum / Famili tuorum / Solve Polluti / Labii reatum / Sancte Johannes

후에 어조를 좋게 하기 위해 Ut는 '도(do)'로 제7음은 Sancte Johannes 성 요하네스의 프랑스식 이름인 Saint Ian에서 '시(si)'가 되었다고 한다.

04

바흐와 헨델은 왜 모두 장님이 되었을까?

바흐는 음악의 아버지로 칭송받는 고전음악의 대명사이다. 헨델 역시 음악의 어머니 소리를 듣는 대작곡가이다. 이들은 1685년에 독일에서 태어나서 바로크음악의 거장이 되었다.

바흐와 헨델은 나이가 들면서 모두 시력이 점점 나빠졌다. 그것은 조명이 약했던 시절에 악보를 보며 일생 동안 작은 음표를 그려 넣으며 작업을 했기 때문이었다. 그리고 그 두 사람은 말년에 함께 실명했다.

그것은 두 사람을 수술한 의사에게 문제가 있었기 때문이라고 한다. 두 거장은 폰 테일러라고 하는 돌팔이의사에게 수술을 받았다. 두 사람 모두 수술을 받은 후에 그나마 어느 정도 볼 수 있었던 눈이 완전히 보이지 않게 되었다. 충격이 얼마나 컸던지 바흐는 실명한 뒤 얼마 되지 않아 죽고 말았다.

05

베토벤의 헤어스타일은 누가 만든 것일까?

베토벤의 헤어스타일은 아무렇게나 뻗쳐 있어 빗질을 하지 않은 것처럼 보인다. 이 천재 작곡가는 음악에만 몰두하고 몸치장에는 전혀 신경을 쓰지 않았던 것처럼 보이지만, 실제로는 전속 헤어디자이너가 있었다. 베토벤은 일부러 그런 헤어스타일을 하고 있었다고 전해진다. 그가 그런 스타일의 머리 모

양을 하게 된 것은 중년 이후의 일로, 젊은 시절에는 머리카락 전체를 짧게 깎아 다듬고 앞머리를 조금 늘어뜨리고 있었다고 한다.

06
베토벤은 어린시절부터 음악에 소질이 있었을까?

베토벤은 어린시절 음악 선생들로부터 작곡가로 크기는 글렀다는 평가를 받았다. 교향악의 창시자 하이든은 베토벤에게 화성학을 가르쳤지만, 베토벤의 천재성을 알지는 못했다. 베토벤의 천재성은 뒤늦게 발현되었기 때문이다.

07
'엘리제를 위하여'는 엘리제를 위한 곡이었을까?

피아노를 배운 적이 있는 사람이라면 한 번은 쳐보았을 '엘리제를 위하여'. 이것은 작곡가 베토벤이 '엘리제'라는 여성에게 헌정한 것

으로 알려져 있지만, 사실 그 여성의 이름은 '엘리제'가 아니라 '테레제'였다. 베토벤이 이 곡을 작곡한 1개월 후인 1810년 5월, 테레제 말파티Therese malfatti라는 18세의 여성에게 청혼을 했기 때문이다. 이 곡의 악보가 테레제의 편지함 속에서 발견된 것도 피할 수 없는 증거가 되었다. 베토벤이 악보에 '테레제를 위하여'라고 썼는데 그 글씨가 '엘리제'로 잘못 읽혔다고 한다.

하지만 베토벤의 절절한 심정이 담긴 음악선물도 테레제의 마음을 움직이지는 못했다. 그녀는 다른 남자와 결혼하고 말았다.

08
모차르트의 작품번호에 붙어 있는 쾨헬은 무슨 뜻일까?

모차르트의 대표작 중 하나인 '아이네 클라이네 나흐트 무지크Eine Kleine Nachtmusik'는 독일어로는 'K·V·525', 영어로는 'K·525'란 작품번호가 붙어 있다. 'K·V·'나 'K·'는 쾨헬Kochel번호라 하는데, 쾨헬이란 무엇을 뜻하는 말일까? 바로 루드비히 폰 쾨헬Ludwig von Kchel이라는 한 열광적인 모차르트 팬의 이름이다. 식물학자였던 쾨헬은 모차르트를 너무 좋아하여 1862년에 그의 전 작품을 연대순으로 편집하여 출판했다. 그때 모차르트의 작품에 붙인 번호가 '쾨헬번호'이다. 이 책은 그 후 다른 사람들에 의해 더욱 보강되고 개정되어 출판되었다. 하지만 '쾨헬번호'만은 그대로 이어지고 있다.

09

슈베르트는 왜
'미완성 교향곡'을
완성하지 않았을까?

슈베르트의 미완성 교향곡. 이 명곡은 왜 미완성일까?

원래 이 곡은 슈베르트가 빈음악가협회의 회원이 되기 위해서 친구인 휘텐브레너에게 맡긴 곡이었다. 그는 우선 2악장 분을 만들어서 입회심사를 받았지만 낙선되고 말았다. 악보는 휘텐브레너에게 다시 돌아왔다고 하는데 그 이후의 이야기는 알려져 있지 않다.

슈베르트는 그 후 2년 동안이나 더 살아 있었는데 왜 완성하지 않았을까?

일설에는 '제2악장까지가 너무나도 아름답게 표현되어서 그 이후를 표현할 수가 없었다'고 하고 '베토벤의 교향곡에 압도되어서 기가 죽고 말았다'고도 이야기한다. 또 '완성했지만 맡아서 가지고 있던 휘텐브레너가 분실했다'는 설도 있다.

10

작곡가 베를리오즈는
피아노를 전혀
칠 줄 몰랐을까?

베를리오즈는 피아노를 전혀 치지 못했다. 그는 1803년 프랑스의 농촌에서 태어났는데, 당시 그가 살던 동네에는 피아노가 한 대도 없었다. 17세가 되어 파리에 나갈 때까지 그가 만져본 악기는 기타와 피리뿐이었다. 피아노는 아예 본 적도 없었다. 그는 작곡가가 되어서야 피아노를 샀는데 치지는 못하고 가끔 화음을 확인해 보는 정도였다.

11

'아카펠라'란 무슨 뜻일까?

악기 반주 없이 인간의 목소리만으로 화음을 이루는 노래를 '아카펠라'라고 한다. 원래 '아카펠라'는 악기 반주가 없다는 뜻이 아니었다. 아카펠라는 이탈리아어로 '예배당풍으로'라는 말이다. 옛날 로마 가톨릭교회에서는 성가대가 성가를 부를 때 일반적으로 반주를 하지 않았다. 무반주 교회음악에서 유래된 말로 무반주 노래를 '아카펠라'라고 부르게 되었다. 아카펠라는 '인간의 목소리는 최고의 악기'라는 사실을 증명해주는 장르의 음악이다.

12

'재즈'는 어디에서 생겨난 말일까?

재즈는 흑인음악에서 비롯되었다. 재즈의 고향은 미국의 뉴올리언스이다. 하지만 재즈라는 말이 생긴 것은 시카고에서였다.

어느 날 밤, 시카고의 한

클럽에서 트럼펫 연주자 톰 브라운의 밴드가 연주를 하고 있는데, 흥에 겨운 손님 중 하나가 '재즈 잇 업Jass it up'이라고 외쳤다. 재즈 업Jass(Jazz) up이란 당시의 속어로 '흥청거린다, 흥분하다, 섹스하다'는 등의 뜻으로 쓰이고 있었지만, 이 말이 그 장소의 분위기와 딱 어울렸다. 그 자리에서 밴드의 멤버들은 자신들의 음악을 '재즈Jazz'라 부르게 되었다. 바로 이때부터 재즈라는 이름을 갖게 되었다.

13

비틀즈를 유명하게 만든 사람은 누구일까?

비틀즈를 세계적으로 유명하게 만든 매니저는 브라이언 엡스타인이다. 그는 리버풀의 레코드가게 주인이었다. 그와 비틀즈를 이어준 사람은 한 소녀였다고 한다.

엡스타인의 가게는 '모든 레코드가 다 있다'는 표어를 내걸고 있었다. 그 소녀는 비틀즈가 서독 함부르크에서 레코딩을 했다는 얘기를 듣고 곧바로 엡스타인의 가게에 들렀지만 비틀즈의 레코드는 없었다. 엡스타인은 자신을 부끄럽게

만든 비틀즈가 어떤 그룹인지 궁금했기에 좁은 라이브 하우스에서 연주하고 있던 비틀즈를 보러 갔다. 처음으로 비틀즈를 본 엡스타인은 신의 계시와 같은 충격을 받고 그 장소에서 그들의 매니저를 하고자 결심했다. 그리곤 곧 비틀즈를 유명하게 만든 일등공신이 되었다.

14

고흐의 자른 귀는 어디로 갔을까?

프랑스의 아르르 전원지대에서 화가인 고갱과 고흐가 공동생활을 하고 있었다. 고흐와 고갱은 예술관에 대한 논쟁을 자주 벌였다고 한다. 어느 날 고흐는 고갱에게 면도칼을 들이대며 달려들었고 고갱은 도망을 쳤다. 다음 날 고갱이 돌아와 보니 고흐는 피투성이가 되어서 침대에 누워 자고 있었다. 고흐가 자기의 귀를 잘랐던 것이다. 고갱과 늘 다투다가 정신병이 발작해서 돌발적으로 자신의 귀를 잘랐다.

고흐는 바로 병원으로 옮겨졌지만, 잘린 귀는 집안 어디에도 없었다. 고흐는 스스로 자른 귀를 근처의 창녀촌으로 가서 라셀이라는 여자에게 소중하게 간직해 달라고 전했다고 한다. 그 후 이 라셀이라는 창녀가 고흐의 귀를 어떻게 했는지는 알려지지 않았다.

피카소가 미신을
좋아했다는 것이
사실일까?

하나의 화면에 다른 방향에서 본 인물을 그려 넣는 입체기법으로 입체파라 불리는 피카소는 수많은 명작을 남겼을 뿐만 아니라 지금까지도 인기가 높은 작가이다.

그의 화풍은 크고 시원시원하며 분방하다. 사람들은 호방한 화풍 때문에 그를 호쾌한 성격을 지닌 사람으로 생각하지만, 실제로는 상당히 신경질적이고 겁이 많은 성격으로 미신에 열중했다고 한다. 그는 외출했다가 돌아오면 모자를 던져 늘 놓아두는 곳에서 벗어나면 대소동을 일으켰다. 그는 모자를 놓아두는 곳에 모자가 없으면 가족 중 누군가가 그 해 안에 죽어 버린다고 굳게 믿었다.

그는 빵을 납작한 쪽이 아니라 위로 부풀어 오른 둥근 쪽을 아래로 뒤집어 불안정하게 두었다. 바르게 놓으면 불행이 찾아온다고 생각했기 때문이다. 피카소는 재수가 없다고 생각되면 아무것도 하지 않았다.

자신이 태어난 고향 스페인에서 옛날부터 전해 오는 이런 미신을 잘 지켜온 피카소는 결혼, 이혼, 재혼을 몇 번이나 반복했는데, 아내가 바뀔 때마다 아내 나라의 미신이 더해지면서 그의 미신은 더욱더 넓어졌다.

피크닉을 갈 때는 가족 모두 정해진 방에 모여 일 분 동안 입을 열어서는 안 되었다. 그는 그렇게 하지 않으면 야외에서 사고가 날

것이라고 주장했다. 일 분간 침묵을 지키는 일은 간단한 것 같아도 어린 아이들에게는 좀처럼 참기 힘든 긴 시간이다. 누군가가 소리를 내거나 웃으면 피카소는 처음부터 다시 시작했다. 그럭저럭 일 분간 가족 모두가 말을 하지 않고 지나가면 피카소도 간신히 안심하고 미소를 지었고 비로소 집의 문을 나설 수 있었다.

16

피카소가 모나리자 도난 사건으로 경찰의 조사를 받았다는 것이 사실일까?

1911년 루브르박물관의 모나리자가 도난을 당했다. 경찰은 대대적인 수사를 펼쳤는데 많은 사람들이 용의자, 참고인으로 경찰의 조사를 받게 되었다.

이때 피카소도 용의자로 조사를 받았다. 피카소가 용의자가 된 것은 과거의 전과가 있었기 때문이다.

피카소의 친구였던 시인 아폴리네르의 비서가 루브르박물관에서 작은 조각이나 가면을 훔쳐서 피카소에게도 나누어준 적이 있었다. 그런데 그 비서가 잡지에 자신의 비리와 함께 피카소에게도 장물을 나누어주었던 사실을 공개하고 말았다. 놀란 피카소와 아폴리네르는 그에게서 받았던 조각품을 세느 강에 모두 버리려다 버리지 못하고 루브르박물관에 전해주러 간 적이 있었다.

모나리자 도난사건으로 조사를 받은 피카소는 증거가 없어서 풀려났다. 모나리자가 루브르로 돌아온 것은 2년 반이 지나서였다. 이탈리아의 골동품가게에 모나리자를 팔고 싶다는 남자가 나타났고, 경찰이 그 남자를 체포하는 것으로 사건은 마무리되었다. 범인은 루브르박물관에서 일하던 사람이었다.

17

예술가 중에는 호모가 많다는 것이 사실일까?

예술계의 천재들은 왠지 호모가 많았다. 예를 들자면 끝도 없다. 스스로 커밍아웃을 한 사람을 꼽아 보자면 시인인 장 콕또는 『백서』라는 책을 써서 동성애를 옹호하는 주장을 했고, 배우인 장 마레를 사랑한다는 사실을 감추지 않았다.

작가 M. 프루스트도 당당한 동성애자였다. 그가 쓴 『잃어버린

시간을 찾아서」라는 소설의 주인공인 알베르치누라는 이름은 자신의 동성애 상대였던 알베르라는 남성의 이름을 여성형으로 바꾼 것이었다.

시간을 거슬러 올라가면 셰익스피어, 괴테, 레오나르도 다빈치, 미켈란젤로, 차이코프스키 등도 동성애자였다고 한다.

18
성병에 걸려 죽은 천재 예술가들이 많을까?

장르를 불문하고 천재로 불리는 인물 중에는 성병인 매독으로 죽은 사람이 적지 않다.

독일의 작곡가인 로베르트 슈만은 40세가 넘어 뇌에 매독이 퍼진 후 정신착란을 일으켜 투신자살을 시도했다. 미수에 그쳤지만 그대로 정신병원에 수용되어서 그 이후로 다시는 퇴원하지 못하고 그곳에서 죽었다.

독일의 시인 하인리히 빈 하이네도 매독으로 죽었다. 그는 말년에 일어나 앉는 것도 힘들어할 만큼 고생했는데 8년 동안이나 병상에 누워 있다가 생을 마감했다.

프랑스의 시인 샤를 보들레르도 40대에 매독이 악화되어 반신불수와 실어증으로 파리의 병원에서 죽었다.

프랑스의 작가 모파상도 42세부터 뇌 매독 증상을 보였다. 1883년 새해 첫날 밤 그는 종이를 자르는 칼로 자살을 시도했지만 죽지는 않았다. 반 년 후 그는 파리 교외의 정신병원에 수용되었고 그 곳에서 죽었다.

<table>
<tr><td>

19

'할리우드'는
누가 지은 이름일까?

</td><td>

영화의 도시로 우리에게 알려진 미국 로스앤젤레스의 산 중턱에는 'HOLLY WOOD'라는 입간판이 서 있다. 원래 이 간판은 영화의 거리인 할리우드를 알리

</td></tr>
</table>

는 간판이 아니라 부동산광고를 위한 것이었다. 지금으로부터 100년도 더 전에 이 입간판은 부동산중개를 하던 어떤 여자가 세운 것이었다.

그녀는 현재의 할리우드 부근을 개발하여 신흥주택단지로 분양할 준비를 하던 중이었다. 그녀가 선택한 주택단지의 이름이 바로 '할리우드'였다. '할리우드'는 그녀의 친구가 가진 별장의 이름이었다. 그때부터 할리우드는 영화산업의 중심으로 우뚝 서게 되었다.

1979년에는 영화인들이 돈을 모아 노후한 간판을 바꾸는 등 지금은 영화의 도시를 알리는 간판이 되었다.

20

마릴린 먼로의 머리가 금발이 아니라는 것이 사실일까?

여배우 마릴린 먼로의 머리 색깔은 원래 갈색에 가까운 색으로 그 아름다운 금발은 염색한 머리였다. 그녀의 금발은 너무나 잘 어울렸기 때문에 어느 누구도 그녀가 갈색머리였다는 사실을 기억하지 못할 정도였다. 바탕색이 갈색이었기 때문에 먼로는 스스로 머리를 표백하고 나서야 염색을 했는데 때로는 표백제에 화상을 입은 적도 있었다.

20세기를 대표하는 섹스 심벌인 마릴린 먼로는 무엇을 입고 자느냐는 기자의 질문에 향수인 "샤넬 No. 5"라고 대답했다. 사람들은 그녀가 아무것도 걸치지 않고 발가벗은 채로 자는 모습을 상상하면서 그녀의 섹스어필 매력이 더 높아졌다고 한다.

21

영원한 청춘스타 제임스 딘도 성형수술을 했을까?

서양에는 코가 너무 높아서 고민하는 사람들이 있다. 영원한 반항아 제임스 딘도 너무 높은 코 때문에 고민했다. 그는 배우로 데뷔하기 전에 성형수술을 받아서 높은 코를 깎아내렸다. 스물네 살에 요절한 제임스 딘은 단 세 편의 영화에 출연했다.

배우이면서 유명한 가수인 바브라 스트라이센드도 큰 코 때문에 고민이 많았다. 그녀는 성형수술로 코를 깎으려 했는데 프로듀서의 충고 한 마디 때문에 그만두었다.

"그 코를 낮추면 그냥 흔한 미인이 되어버리고 말걸!"

22

스필버그도 실수를 했을까?

스티븐 스필버그 감독을 유명하게 해준 모험영화 〈인디애나 존스 시리즈〉의 제1편 〈레이더스〉의 맨 앞에는 영화 마니아들 사이에서 잘 알려진 스필버그의 유명한 실수가 있다.

인디애나 존스가 거대한 암석에 쫓기는 장면인데 바위의 왼쪽 지렛대가 동그랗게 보인다. 이 막대기를 사용하여 하리보테의 돌을 굴렸다.

그리고 인디애나 존스에게 수많은 뱀들이 덤비는 장면에서도 스필버그의 실수가 보인다. 이때 잘 보면 인디애나와 뱀들 사이에 유리벽이 있는 것을 알 수 있다. 뱀의 머리가 유리에 반사되어 비춰는 것이 영화에 나타난다.

23

극장 영화의 자막은
오른쪽에 있는데, 비디오
자막은 왜 아래쪽에 있을까?

사람의 시선은 항상 왼쪽에서 오른쪽으로 자연스럽게 이동한다. 이를 영상에선 '아이 스캔 원리'라고 한다. 사람의 눈은 시선이 왼쪽에서 오른쪽으로 이동될 때 훨씬 더 편안함을 느끼게 된다. 극장의 자막이 왼쪽 상단이나 아래쪽이 아닌 오른쪽 상단에 위치한 것도 이 아이 스캔 원리를 이용해서 화면을 먼저 보고 자막을 나중에 읽도록 하기 위해서이다. 시선의 움직임이 한두 번이라면 모르지만 두 시간 가량 그 큰 스크린을 들여다보려면 눈의 운동량이 엄청나기 때문이다.

극장 영화의 자막이 오른쪽에 있는 이유는 아이 스캔 원리 외에 극장의 좌석배치와도 관련이 있다. 요즘 극장들은 상영관 크기가 작고 좌석이 계단식으로 배열되어 있어 어느 자리에 앉아도 자막이나 화면을 보는 데 지장이 없지만, 예전의 극장들은 그렇지 못했다. 앞의 시야가 가려지는 경우가 많은 평면 좌석배열에다가 한 상영관이 1, 2, 3층으로 나뉘는 복층구조로 된 곳도 많아서 자막이 아래쪽에 있을 경우 뒷좌석의 사람들이 자막을 읽을 수 없었다. 그래서 오른쪽 상단에 자막을 배치하게 된 것이다.

텔레비전을 볼 때 프로그램 중간에 화면 아래로 지나가는 자막이 오른쪽에서 출발하여 왼쪽으로 사라지는 것도 자막내용을 쉽게 읽어내어 전달력을 극대화하기 위해서이다.

비디오는 왜 자막이 아래쪽에 있을까? 비디오는 스크린에 비해 화면 크기가 작아서 자막을 아래에 배치해도 시선방향이 아래위로 이동할 때 눈의 피로감이나 운동량이 적기 때문이다.

제 4 장

신기한 동물, 곤충, 식물의 세계로!
자연 잡학

```
    01

하늘은 왜 파랄까?
```

세계 최초로 지구를 벗어 났던 사람은 소련의 우주비 행사 유리 가가린이다. 그 는 보스토크(동방이라는 뜻) 1호를 타고 우주공간에서 빛나는 지구를 보고는 감탄 하며 말했다.

"지구는 파랗다."

물체가 파랗게 보이는 것은 파랗게 보이는 광선의 파장이 그 물 체에 반사되어 보이기 때문이다. 지구가 파랗게 보이는 것은 지구 를 둘러싸고 있는 대기의 입자가 태양빛에 반사되었기 때문이다.

하늘이 파랗게 보이는 것도 같은 원리이다. 태양빛을 프리즘으 로 보면 무지개와 같은 7색이 된다. 파장이 짧은 파란빛에서 파장 이 긴 빨간빛까지의 광선은 대기 중의 입자(산소나 질소 분자, 오존 분자, 먼지, 연기, 재 등)에 충돌하여 산란한다. 이때 파장이 짧은 빛 은 파장이 긴 빛보다 산란 각도가 큰 성질을 가지고 있다. 쉽게 말 하면 파장이 긴 빨간색, 주황색, 노란색 등의 빛은 흡수되는데 반 하여 파장이 짧은 파란색이나 녹색의 빛은 산란된다. 파장이 짧은 빛 중에 파란색이 가장 인간의 눈에 도달하는 비율이 높은 색(단파 장 중에서 가장 파장이 길기 때문)이다. 이런 이유로 지상에서 보면 맑은 날 한낮의 하늘은 파랗다. 하늘 자체가 파란빛을 발하는 것은 아니다.

02

태양은 왜 아침, 점심,저녁의 빛깔이 다를까?

아침, 저녁과 한낮에는 하늘의 색도 다르다.

태양이 바로 위에 있는 정오에는 광선이 대기층을 통과하는 거리가 짧기 때문에 하얗게 보인다. 한편 아침이나 저녁에는 광선이 대기층을 통과하는 거리가 길어진다. 이 때문에 하늘도 파란 기운이 약간 줄어든 빛으로 보이며, 그다지 산란하지 않는 빨간색이나 노란색의 빛이 눈에 들어오게 된다. 그래서 태양이 빨갛게 보인다.

아름다운 아침의 일출, 저녁의 노을이나 파란 하늘을 볼 수 있는 것도 공기 중에 티끌이나 먼지가 있기 때문이다. 비나 눈도 대기 중에 먼지가 있기 때문에 내린다. 수증기가 상공에서 먼지에 붙어 물방울이나 얼음이 되고 이윽고 구름이 되기 때문이다. 대기 중에 먼지나 티끌이 없어진다면 비나 눈의 근원이 되는 구름도 발생하기 어렵다.

03

별은 왜 반짝일까?

모닥불을 피워놓고 그 위로 맞은편을 바라보면 경치가 흔들리는 것처럼 보인다. 쨍쨍 내리쬐는 무더운 여름에도 같은 현상을 볼 수 있다. 그것은 공기가 움직이고 있기 때문이다. 공기는 뜨거워지면 하늘로 올라간다. 공기가 움직이면 빛의 진행방향이 흩어져서 경치가 살랑살랑 흔들린다.

별이 반짝이는 것도 같은 이유에서이다. 공기가 흩어지기 때문에 별은 반짝이는 것처럼 보인다. 특히 상공의 공기는 항상 심하게 움직이고 있다. 이는 대기의 온도분포가 똑같지 않기 때문이다. 그때문에 기류가 항상 흔들리게 된다. 이렇게 흔들리는 기류를 통과하는 빛의 방향이 이쪽저쪽으로 바뀌게 된다. 이 조그만 흔들림이 반짝이는 작은 별의 실체이다.

04

무지개는 정말 일곱 색깔일까?

한국인은 무지개를 오색 무지개라고 부른다. 무지개를 일곱 색깔로 보지 않는 나라들이 많다. 예를 들면 영국권에서는 무지개 색깔이 몇 가지인지 크게 관심도 없지만, 굳이 세자면 여섯 가지 색으로 본다. 마야족들도 무지개를 다섯 가지 색으로 봤다.

무지개 빛을 프리즘으로 분광할 경우 컴퓨터는 수만 가지 색으로 구별할 수 있다.

얼음은 투명한데
어째서 눈은 흰색일까?

공기 때문이다. 공기에 빛이 난반사亂反射되면 하얗게 보인다. 눈도 그 결정 속에 상당한 공기를 함유하고 있기 때문에 하얗게 보이게 된다. 팥빙수를 생각해 보면 금방 알 수 있다. 투명한 얼음을 잘게 부순 빙수는 하얗게 보인다.

남극과 북극 중에
어디가 더 추울까?

일기예보를 보면 항상 남쪽 지방보다는 북쪽 지방의 기온이 더 내려간다. 살을 에는 듯한 추위로 유명한 러시아의 시베리아 벌판도 북쪽에 있다.

하지만 남극이 북극보다 더 춥다. 1983년 7월 21일 구소련의 보스토크 기지에서 관측된 남극의 최저 기온은 영하 89.2℃였다. 1972년 7월 프랑스의 뒤몽 뒤르빌Dumont d'Urville 기지에서 초속 88미터(시속 316.8km)의 어마어마한 강풍이 측정되기도 했다. 남극의 기후가 이처럼 혹독한 것은 당연히 높은 위도 때문이지만 이 외에도 항상 얼음에 덮여 있다는 점, 바다로 둘러싸여 있다는 점 등이 영향을 끼치고 있다.

반면에 북극은 남쪽으로부터 '따뜻한 물(난류)'이 북극해로 흘러

들어오고 있기 때문에 추위를 많이 누그러뜨려 주고 있다.

07

빙산은 짜지 않을까?

중동에는 석유자원이 많다. 땅을 파면 물보다는 석유가 나온다고 한다. 물이 많지 않은 중동국가들은 남극의 빙산을 끌어다가 식수로 이용하는 방법을 연구하기도 했다.

바다 위에 떠 있는 빙산은 먹을 수 있을까? 혹시 짠맛이 나지는 않을까?

빙산은 대부분 바닷물이 얼어서 만들어진 것이 아니라 육지의 빙하가 떠내려온 것이다. 즉, 민물로 만들어진 얼음이라 염분을 포함하고 있지 않아 짜지 않다. 물론 식수로도 쓸 수 있다.

남극이나 북극의 바다가 얼어서 만들어진 빙산은 그렇게 크지 않다. 작은 얼음덩어리일 뿐이다. 바닷물이 얼어서 만들어진 빙산에도 염분은 별로 많지 않다. 1000g 가운데 염분은 약 5g 정도 들어 있다. 바닷물의 염분 농도는 1000g 당 35g이다.

08

달무리가 지면
정말 비가 올까?

'달무리가 지면 비가 온다'는 속담이 있다. 달무리는 새털구름(권운)이 나타날 때 생긴다. 새털구름 속에 있는 가늘고 무수한 빙정Ice Crystal이 달빛에 굴절되어 달 주위로 하얀 고리처럼 보이는 것이 달무리이다. 새털구름은 보통 저기압이 접근해올 때 많이 생성되기 때문에 달무리가 보이면 조만간 그 지역에 비가 내리게 된다. 낮에 새털구름을 보게 된다면 마찬가지로 곧 비가 올 수 있다.

09

벼락은 한 번 때린
곳은 안 때릴까?

벼락이 친 곳은 두 번 다시 벼락이 떨어지지 않는다는 말은 거짓말이다. 세계에서 가장 오랫동안 높은 빌딩이었던 엠파이어스테이트빌딩은 처음 지어진 이후 10년 동안 68번의 벼락을 맞았다.

10

사하라사막은
모래사막일까?

사하라는 아랍어의 사막이라는 뜻의 '사라'에서 온 말이다. 사하라사막은 북쪽의 지중해, 서쪽의 대서양, 동쪽의 홍해 사이에 있는 면적 860만㎢의 거대한 사막이다. 사하라는 대부분이 암석사막으로 모래사막은 전체 면적의 약 20% 밖에 되지 않는다.

11

동물에게도
혈액형이 있을까?

동물에게는 사람의 혈액보다 더 다양한 여러 종류의 혈액형이 있다.

소는 A, B, C, F-V, J, L, M, N, S, Z, R'-S', T' 등 12가지 혈액형이 있으며 말은 7가지, 양은 8가지, 닭은 13가지, 그리고 돼지는 무려 15가지의 혈액형을 가지고 있다. 원숭이는 사람과 유사한 A, B, AB, O형이 있으며 침팬지는 A형과 O형만 있다. 고릴라는 B형만 있으며 오랑우탄은 A, B, AB형만 있다. 개는 A, B, C, D, F, Tr, J, K, L, M, N 등 11개의 혈액형군이 있다고 한다.

12

카멜레온은 어떻게 피부색을 바꿀까?

카멜레온은 주위 배경색에 맞추어 몸의 색을 바꾼다는 말은 사실과 다르다. 카멜레온은 주위 환경의 색을 보고 자신의 몸 색깔을 바꾸는 것이 아니라 빛이나 온도, 그리고 감정의 움직임에 따라 변하는 것이다.

먼저 카멜레온이 몸의 색을 바꾸는 구조에 대해 알아보자.

카멜레온의 피부는 무슨 색일까? 녹색? 아니면 황색? 사실 카멜레온의 피부는 투명하다. 투명한 피부 밑에 색소가 들어 있는 튜브 같은 것이 있어 그 튜브에서 색을 내게 하여 몸의 색을 변화시키게 된다.

카멜레온은 눈으로 주위의 색을 식별하는 것이 아니라 피부로 색을 느낀다. 그렇지만 주위의 색에 맞추어 몸의 색을 변화시키는 것은 아니다. 흥분하면 색이 옅어지고 햇빛이 강해지면 암갈색으로 변하고 해가 지거나 기온이 낮아질 때는 회색으로 변한다. 카멜레온이 카멜레온다운 선명한 녹색을 유지하고 있는 것은 해가 나지 않고 기온이 높을 때이다.

13

살인벌과 살인개미는
정말로 있을까?

황소개구리처럼 해외에서 들어와 한국에서 서식하게 된 귀화 동식물이 재래종의 생존을 위협하거나 원래부터 있던 생태계를 파괴하는 일이 종종 발생하면서 심각한 환경문제가 되고 있다. 이것은 비단 우리나라만의 문제는 아니다.

미국에서도 살인벌이라 불리는 무시무시한 벌떼와 살인개미가 그 세력을 확장하기 시작하면서 크게 문제가 되고 있다.

살인꿀벌killer bee이 미국대륙에 퍼지게 된 것은 1956년 브라질이 재래종 품종개량을 위해 꿀 채집력이나 번식력이 강한 아프리카종 꿀벌을 자국으로 가져오면서 시작되었다. 연구실에 격리되

어 있던 벌이 일부 달아나 재래종과 자연교배하면서 아프리카종에 가까운 꿀벌이 생겨났다. 그것이 지금은 남미에서 중미 전역으로 세력을 확장하여 결국에는 미국 남부까지 그 서식지를 넓혔다. 이 벌은 사람이 벌집에 다가가면 바로 공격한다. 독은 보통 꿀벌과 다름없지만 떼를 지어 무리로 공격을 하기 때문에 목숨을 위협할 정도라고 한다.

살인개미는 파이어 앤트(불개미)라 불리는 개미이다. 길이는 3~5ml 정도이지만 상당히 공격적이다. 잘못하여 개미굴을 밟기라도 하면 일제히 달려들어 예리한 독침으로 마구 찌른다. 독침에 쏘인 곳은 부풀어 오르는데, 마치 불에 데인 것처럼 심한 통증을 일으키기 때문에 이런 이름이 붙혀졌다. 원래는 남미에 살던 개미였는데, 미국 남부까지 서식처를 확대했다고 한다. 이 개미는 사람에게 독침을 쏠 뿐만 아니라 가축을 덮치거나 농작물을 먹어치우기도 한다. 어린아이들이 이 개미떼에게 공격을 당하면 쇼크 증상을 일으켜 사망에 이르는 경우도 있다. 1997년에 미국 농무성은 남부 다섯 개 주에서 긴급 격리 결정을 내린 적도 있다.

14

복어는 어떻게 독을 만들까?

술 마신 다음 날 속풀이에 그만인 복어는 맛은 있지만 무서운 생선이다. 독이 있는 생선이 복어만 있는 것은 아니지만 복어만큼 유명한 것도 없다. 복어의 독은 테트로도톡신Tetrodotoxin, TTX이다. 복어의 입에 있는 4개의 이빨을 의미하는 테트라오돈에서 유래한 말이다. 그 독성은 청산가리의 300~400배 정도나 된다. 이 독은 복어의 몸 속에서 합성되는 것이 아니라 독의 성분을 가진 먹이를 먹은 후 독이 복어의 몸 속에 쌓이는 것이라고 한다.

최근에는 먹이와는 상관없이 해양세균에 의해 독이 감염되는 경우도 있다고 추정한다. 수조에서 기르는 양식 복어는 독이 없지만 야생의 독을 지닌 복어와 함께 두면 양식 복어도 바로 독을 가지게 된다. 테트로도톡신 생산세균이라는 박테리아가 독이 있는 복어로부터 독이 없는 복어를 감염시키게 만드는 것이라는 연구결과도 있다. 해양에는 이런 미생물이 많이 서식하고 있으며 복어는 이것들을 몸 속에서 증식시켜 독을 만들어낸다.

한편 해저의 진흙 속에 테트로도톡신이 함유된 곳이 있다는 사실도 밝혀졌다. 복어는 먹이사슬을 통하여 이런 독을 섭취하고 있는 것이다.

15

도구를 쓰는 동물은 어떤 것이 있을까?

인간이 동물과 다른 것은 생각을 한다는 것과 도구를 만들어 노동을 한다는 점이다. 그런데 동물들 역시 도구를 사용하는 경우가 많다.

낙지는 조개를 먹기 위해

돌로 조개껍질을 깬다. 곰은 막대기를 이용해 먹이를 구하기도 하고, 새들도 먹이로 구한 알을 깨기 위해 돌을 이용한다.

직접 도구를 만드는 동물도 있는데, 까마귀 중에는 짧은 나뭇가지를 부리로 쪼아 갈고리 모양으로 구부려 만든 다음 그것으로 나무 구멍 속의 벌레를 끄집어내기도 한다.

16

고래는 정말 똑똑할까?

고래는 인간의 능력이 미치지 못하는 뛰어난 능력을 갖고 있다. 그럼, 고래의 뇌는 어느 정도의 크기일까?

몸의 크기로 보면 큰고래의 뇌가 가장 클 것으로 생각되지만, 향유고래의 뇌가 약 9.2킬로그램으로 가장 무겁다. 하지만 몸 전체 크기를 생각하면 고래의 머리가 다른 동물에 비해 유난히 큰 것은 아니다.

인간 뇌의 중량은 약 1.4킬로그램으로 체중에서 차지하는 뇌의 중량 비율을 비교해 보면 인간, 돌고래, 코끼리, 향유고래, 흑고래의 순서가 된다. 체중과 뇌의 무게를 단순하게 비교하는 것만으로 고래나 돌고래의 지능을 비교할 수는 없지만, 고래의 지능을 알아보려는 이제까지의 수많은 실험 결과를 보면 고래의 기억력은 놀랄 만한 것으로 증명되었다고 한다. 몸짓이나 소리 등의 인공 언어를 분명하게 이해할 뿐만 아니라 실험에 참가하는 것 자체가 상당한 지능이나 커뮤니케이션 능력을 지니고 있다는 증거가 되었다. 게다가 고래는 인간이 도저히 알 수 없는 예지능력을 갖고 있다고 한다.

17
곰은 겨울잠을 자는 것이 아니라는데, 무슨 말일까?

겨울이 되면 곰은 에너지 소비를 줄이기 위해 체온이 낮아진다. 곰은 겨울잠을 자는 것이 아니다. 사실은 잠깐씩 졸기만 할 뿐이다. 곰은

졸면서도 주변의 자극에 반응을 한다. 위험에 처할 때는 달아나기도 한다. 게다가 곰은 대개 겨울에 새끼를 낳기 때문에 새끼에게 젖을 먹여야 한다.

18
고슴도치가 교미를 하면 피범벅이 될까?

고슴도치는 온몸이 바늘로 덮여 있다. 고슴도치 암컷과 수컷이 서로 교미할 때는 어떻게 될까?

고슴도치는 먼저 교미를

시작할 때, 암컷은 뒷발을 벌리고 등을 쭉 편다. 이 자세를 취하면 암컷의 성기가 앞으로 튀어나온다. 그러면 수컷은 앞발을 암컷의 허리부근에 걸치고 솜씨 좋게 결합한다. 또한 교미할 때에는 뻣뻣이 선 온몸의 바늘이 누워 서로를 다치지 않게 한다.

19

소는 풀만 먹는 데도 왜 살이 찔까?

인간은 야채나 과일 외에 고기와 생선을 먹으며 영양의 밸런스를 유지한다. 동물성 단백질은 근육과 피를 만드는 데 중요한 작용을 한다. 그런데 소와 말, 코끼리 등의 초식동물은 풀만 먹는 데도, 어떻게 크게 성장하고 그 큰 몸을 유지할까? 어째서 고기를 먹지 않아도 괜찮은 것일까? 그 이유는 초식동물의 몸에 살고 있는 미생물의 작용 때문이다. 초식동물의 소화기에는 수천 종류의 미생물이 1㎤당 100만 마리나 살고 있어, 이들이 음식을 분해하고 식물에서 효율 좋은 단백질을 뽑아낸다. 초식동물은 이 미생물을 단백질원으로 소화한다. 인간의 몸속에는 이런 미생물이 없기 때문에 식물에서 단백질을 뽑아내지 못하므로 동물성 음식에서 단백질을 취할 수밖에 없다.

20
캥거루는 뒷걸음질을 정말로 못할까?

인간은 물론 개나 고양이도 무심결에 뒷걸음질치는 경우가 있다. 자기 의지대로 움직일 수 있는 동물이라면 모두 뒷걸음질을 칠 수 있을 것 같지만 예외도 있다.

오스트레일리아 대륙을 뛰어다니는 캥거루는 콩콩 뛰어다니지만 뒤로 뛰지는 못한다. 이 때문에 캥거루는 오스트레일리아 해군의 심벌마크가 되었다. 적에게 뒤를 보이지 않는다는 의지를 표현한 것이라고 한다.

캥거루 외에 지렁이도 뒷걸음질을 칠 수 없다. 하지만 지렁이를 군대의 상징으로 쓰기는 좀 어렵지 않을까?

21
코끼리는 방귀 소리도 클까?

동물원에서 코끼리의 방귀 소리를 들은 사람은 거의 없을 것이다. 코끼리가 방귀를 뀌지 않느냐 하면 그렇지 않다. 초식동물인 코끼리는 먹은 것이 발효되지 않으면 소화를 시키지 못한다. 코끼리의 뱃속에서는 늘 먹이가 발효되면서 발생하는 가스가 쌓여 있다. 그래서 사실 코끼리는 늘 방귀를 뀐다.

단, 낮에 동물원에서 보는 코끼리는 대부분 서 있다. 서 있을 때의 코끼리는 항문의 주름이 느슨해져 있기 때문에 방귀는 나와도 소리가 작다. 그 대신 코끼리가 자고 있을 때는 항문이 수축하여 배가 압박되기 때문에 엄청난 소리의 방귀가 나온다. 동물원의 신참사육사 중에는 그 소리를 지진소리로 잘못 알고 벌떡 일어나는 사람도 있다. 코끼리의 방귀 소리는 그 몸집만큼 크고 우렁차다고 한다.

22

개와 원숭이는 정말 사이가 나쁠까?

견원지간이란 개와 원숭이 사이를 말한다. 서로 사이가 좋지 않은 사람들을 뜻하는 말로 쓰인다. 이들의 사이는 실제로 나쁠까?

옛날에는 개와 원숭이의 사이가 상당히 나빴다고 한다. 개는 본래 육식동물이다. 들개가 닭 등의 가축을 노리는 일도 자주 있었다. 본래 늑대과에 속했으므로 이는 당연한 이야기라고 할 수 있다. 그러나 제아무리 들개라도 자신의 몸보다 큰 소나 말

을 공격하기는 어렵다. 그래서 들개가 노리는 것은 원숭이 정도였다. 실제로 옛날에는 들개나 늑대에게 공격받는 원숭이가 많았다. 개와 원숭이는 사이가 나쁘다기보다 원숭이에게 개는 목숨을 위협하는 천적이기 때문에 '견원지간' 같은 말이 생겨났다.

23

개는 어떻게 냄새를 잘 맡을까?

냄새를 잘 맡는 사람에게 '개코'라는 별명을 붙이는 경우가 많다. 개는 후각이 발달한 동물로 마약탐지견으로 활동하는 개는 냄새를 통해 마약을 찾아낸다. 개는 인간보다 10~100만 배 예민한 후각을 가지고 있다. 개의 후각이 예민한 것은 먹이를 찾거나 위험요소를 감지하기 위해서가 아니라 냄새를 통해 의사소통을 하기 때문이다.

수캐가 다리를 들고 오줌을 누는 것도 보다 높은 곳에 자기 배설물의 냄새를 남기기 위해서이다. 자기 영역을 표시할 필요가 없는 암캐는 앉아서 오줌을 눈다. 가만히 있어도 수캐들이 발정기의 암캐를 찾는 데 혈안이 되어 있기 때문에 자신의 냄새를 열심히 퍼뜨리지 않는다고 한다.

24
남극의 펭귄을 북극으로 옮기면 어떻게 될까?

펭귄은 남극에 있었을 때와 마찬가지의 생활을 해 나갈 것이다. 남극 등의 한류지역에서 생활하고 있는 펭귄은 같은 한류지역인 북극으로 옮겨가도 그다지 생활에 불편을 느끼지 않으리라 생각된다. 그러면 왜 펭귄은 남반구에만 있는 것일까? 펭귄은 동물원 이외의 북반구에는 단 한 마리도 존재하지 않는다. 그 이유는 아직 잘 알려지지 않고 있다.

동물학자들도 펭귄이 남반구에서 생겨났고 거기서 살고 있으며 굳이 적도를 넘어 이동하지 않았기 때문일 것으로 추측할 뿐이다.

25
한 쌍의 원앙은 정말 사이가 좋을까?

사이가 좋은 부부를 원앙이라 한다. 확실히 짝을 이룬 원앙의 암컷과 수컷은 항상 함께 하며 사이가 좋아 보인다. 한 쌍의 원앙은 봄이 되면 보금자리를 만들기 위해 적당한 장소를 함께 찾는다. 원앙은 나무 구멍에 보금자리를 만드는데, 암컷이 장소를 정하면 보금자리에 깃털을 깔고 집을 꾸미는 일은 수컷의 몫이다.

교미가 끝나면 수컷은 보금자리에서 나와 가까운 연못이나 강에서 생활한다. 암컷은 보금자리에서 지긋이 알을 품는다. 그 사이 수컷은 연못에 있는 다른 암컷과 바람을 피우기도 한다. 암컷은 암컷 대로 알에만 관심을 보이며, 부화한 뒤에도 수컷은 새끼에게는 가까이 가지 않고 암컷만이 새끼를 키운다. 다시 말해 원앙부부가 사이가 좋다고 알려져 있지만 보금자리가 생기기 전까지이며 그 이후에는 서로에게 냉담하다.

26

스컹크의 방귀는 왜 지독할까?

만화영화를 봐도 다른 동물들은 모두 스컹크를 멀리한다. 스컹크의 방귀 냄새 때문이다.

'숲의 고양이'라고 불리는 스컹크는 강력한 악취가 나는 방귀를 내뿜는데, 방귀처럼 보이지만 사실은 가스가 아니라 분비액을 뿌린다. 스컹크의 항문 주위에는 잘 발달한 두 개의 분비 작용을 하는 기관이 있다. 이곳에서 냄새가 나는 액체가 발사되는 것이다. 당해본 적이 있는 사람의 말을 빌리면 그 냄새는 엄청나서 숨이 막힐 지경이라고 한다. 눈에 들어가면 일시적으로 눈이 보이지 않을 정도이다.

그러나 스컹크는 남을 먼저 습격하는 일은 없다. 스컹크는 액체를 발사하려고 할 때 우선 뒤돌아서 등을 보인다. 그리고 꼬리를 들고 앞발을 치면서 발사 준비자세를 취한다. 먼저 경고를 주어 도

망가도록 하기 위해서이다.

스컹크를 생포하는 방법은 살금살금 뒤로 접근하여 갑자기 꼬리를 잡고 그대로 위로 들어올리면 된다. 스컹크가 악취를 뿜을 준비를 하기 전에 잡아야 한다. 하지만 이 방법이 늘 성공하는 것은 아니어서 스컹크를 잡는 사람들은 몇 번씩 공격을 받아본 경험이 있다고 한다.

스컹크를 잡는 이유는 그 가죽이 코트에 이용되기 때문이다. 어떤 지방에서는 새끼 때에 항문 쪽의 분비작용을 하는 기관을 떼어내고 사육한다고 한다. 냄새가 난다고 해서 모두가 싫어하는 스컹크이지만 스컹크는 사실 우리에게 굉장히 이로운 동물이다. 메뚜기, 말벌, 쥐 등을 잡아먹기 때문이다.

27

왜 뱀은 피리소리에 맞춰 춤출까?

뱀 부리는 사람이 피리를 불면 뱀은 그 소리에 맞춰 춤을 춘다. 하지만 뱀에게는 귀가 없다. 피리소리에 맞춰 춤을 추는 것이 아니다. 실제로는 지면의 진동에 반응하고 있을 뿐인데, 이것이 춤을 추는 것처럼 보이는 것이라고 한다. 뱀은 눈 뒤부터 상악上顎(위턱)에 걸친 작은 뼈로 지면의 진동을 민감하게 느낀다. 뱀을 부리는 사람의 동작에 주목해 보면 그들은 피리를 불면서 발로 리듬을 밟거나 뱀이 들어 있는 바구니를 두

드리고 있다. 뱀은 그 진동을 느끼고
머리를 쳐들어 상대방을 위협한다.
이 동작을 부드럽게 행하면 뱀이 피
리에 맞춰 춤추고 있는 듯이 보인다.

28

방울뱀은
어떻게 소리를 낼까?

방울뱀은 상대를 습격하
기 전에 소리를 내어 자신의
존재를 알리고 결코 갑자기
달려드는 일은 하지 않는다.
방울뱀이 소리를 내는 것은
화를 내는 감정의 표현이라

고 한다. 감정이 격해지면 방울뱀은 꼬리를 흔들면서 소리를 낸다.
그 소리는 어떻게 나는 것일까?

방울뱀의 꼬리 끝에는 각질로 딱딱한 부분의 마디마디가 연결되
어 있다. 그 연결은 느슨하게 되어 있어서 꼬리를 흔들면 부딪히면
서 소리가 난다. 이 마디는 방울뱀이 허물을 벗을 때마다 그 수가
늘어난다고 한다. 그러나 마디의 수로 방울뱀의 나이를 알 수는 없
다. 방울뱀은 때에 따라 허물벗기를 2~4번이나 반복할 때도 있기
때문이다. 게다가 그 마디는 쉽게 부서지기 때문에 늙은 방울뱀은
한두 개밖에 마디가 남아 있지 않다.

방울뱀은 알을 낳는 것이 아니라 새끼를 낳는다. 새끼는 소리를

내는 마디를 한 개 가지고 태어난다. 물론 한 개로는 소리가 나지 않는다. 그렇지만 독침은 언제든지 사용할 수 있다고 한다.

방울뱀 연구가인 미국의 오텐버크 박사는 애리조나에서 방울뱀을 100마리 가까이 채집하여 공격 전에 어느 정도의 소리를 내는지 관찰했다. 그 결과 96퍼센트나 소리가 나지 않았다고 한다.

방울뱀은 남북아메리카에 20여 종류 이상 서식하고 있으나 그중에서 10여 종류 이상이 미국에 살고 있고 어느 주에서나 볼 수 있다.

29
꿀벌의 집에서 여왕벌이 없어지면 어떻게 될까?

벌집을 들여다보면 여왕벌 한 마리에 수천, 수만 마리의 벌들이 모여 산다. 일벌들은 여왕벌을 위해서만 사는 것처럼 보인다. 그런 벌집에서 여왕벌이 없어진다면 꿀벌세계는 어떻게 될까? 몇만 마리의 꿀벌이 사는 벌집에서 여왕벌은 아무 일도 하지 않고 무수히 많은 일벌을 낳는다. 이 여왕벌을 벌집에서 끄집어내면 그 속은 일대 공황이 일어나고 벌 사회가 단숨에 붕괴될 것처럼 생각되지만, 의외로 벌 사회는 아무 일도 일어나지 않는다. 남겨진 벌들은 즉시 유충 한 마리를 여왕벌로 키운다. 여왕벌이라고 해서 처음부터 여왕벌로 태어나는 것이 아니다. 일벌이 분비하는 로열젤리를 유충에게 먹이면 그 유충은 여왕벌로 커나간다. 이 사실을 알고 있는 벌들은 여왕벌이 없어지더라도 혼란에 빠지지 않는다.

30
거미는 줄을 칠 때 첫 줄을 어떻게 엮을까?

거미는 첫 줄을 칠 때 몸을 움직이지 않는다. 한 장소에 지긋이 있으면서 목표로 하는 가지를 향해 줄을 늘어뜨려 간다. 목표물에 줄이 잘 걸리면 그 줄을 따라 중간 정도까지 나아가 그곳에서 두 번째 줄을 뽑아낸다. 그리고 이 두 번째 줄에 매달려 아래 가지로 줄을 걸치면 거미줄은 Y자 형태가 된다. 이것을 기본형으로 삼고, 가로줄을 통과시켜 원 형의 그물 모양으로 거미집을 만들어간다.

31
모기는 어떻게 인간의 혈관을 찾아낼까?

모기는 눈으로 혈관을 찾지 않는다. 모기는 한밤중 어두운 방이라도 정확하게 사람이 있는 장소로 와서 혈관을 찾아내어 피를 빨고 간다.

모기는 인간이 토해내는 이산화탄소나 피부가 발산하는 아미노산 냄새에 의지하여 사람을 찾는다. 그리고 체온의 미묘한 변화로

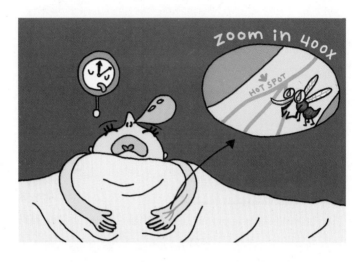

혈관을 찾아 그곳을 찌른다.

모기에게 물렸을 때 가려워지는 이유는 모기의 타액에는 피가 공기와 접촉해도 굳지 않게 하는 성분이 포함되어 있기 때문이다. 그것이 피부에 닿으면 인간의 몸은 일종의 알레르기반응을 일으키게 되고 가려워진다.

32

벌레나 동물 중에도
게이가 있을까?

게이는 인간에게만 있는 것이 아니다. 넓은 생물계에는 분명하게 게이가 있다. 단 생물의 경우, 수컷이 암컷의 흉내를 내는 것은 동성애 때문이 아니다.

어떤 종류의 거미나 기생곤충 중에는 먹이를 유인하기 위해 다른 곤충의 암컷 냄새를 내는 것이 있다. 뱀이나 투구벌레 가운데 몸이 약한 수컷들은 암컷의 흉내를 냄으로써 다른 수컷과의 싸움을 피해 살아남는다. 단, 교미의 대상에서 제외되기 때문에 결과적으로 약한 유전자는 단절되고 만다.

열대 지방의 개미 중에는 날개가 있는 수컷과 없는 것이 있는데 날개 없는 수컷은 여왕개미를 둘러싸고 최후의 한 마리가 남을 때까지 싸운다. 하지만 날개가 있는 수컷은 여왕개미의 냄새를 몸에 묻혀 암컷 흉내를 내기 때문에 싸움에서 제외된다. 그리고 날개가 없는 수컷이 싸우는 동안 약삭빠르게 여왕개미와 교미를 한다. 그러나 암컷으로 오해받아 다른 수컷에게 교미를 당하는 경우도 있다고 한다.

33

흰개미는 개미가 아닐까?

집안의 적, 흰개미! 잡식성 곤충이기 때문에 건축물의 목조부분은 물론 선반이나 목침 외에도 살아 있는 수목, 농작물도 먹어치운다. 더욱 놀라운 것은 플라스틱이나 고무뿐만 아니라 콘크리트나 금속까지 모조리 먹어치워 목조건물이 아니라고 안심할 수도 없다.

이 흰개미는 생김새, 모양, 군생하는 것을 보면 분명히 개미로 보이지만 전혀 별개의 곤충이다. 흰개미는 바퀴벌레와 같이 약 3억 년 전의 석탄기에 출현했으며, 목재를 먹는 바퀴벌레의 선조에서 분화했다. 곤충분류학에서는 날개가 4장 모두 같은 크기인 등시等翅목에 속한다. 여기에 속하는 곤충은 흰개미뿐이므로 별칭으로 흰개미목이라고도 한다. 일반적으로 개미는 눈이나 고도로 발달한 촉각 등을 갖고 있는데 비해 흰개미는 일생을 어둠 속에서 보내기 때문에 눈이 없다.

개미와 비슷한 것이 있다면 흰개미도 여왕흰개미가 중심이 되어 집단생활을 한다. 흰개미는 주로 큰 기둥 내부에 커다란 집을 만든다. 외부의 적이 침입하면 병사 흰개미는 상당히 전투적이어서 커다란 턱으로 물거나 특수한 점액을 뿜어 공격한다. 그 중에서도 집흰개미는 가장 공격적이어서 한번 물면 최후까지 자신의 목이 찢어져도 적을 놓지 않을 정도이다.

34

딱따구리는 왜 나무에 구멍을 뚫을까?

딱따구리는 쇠딱따구리, 적딱따구리, 청딱따구리 등 다양한 종류가 있다. 딱따구리는 주로 나무 속의 벌레를 잡기 위해, 보금자리나 둥지를 위한 구멍을 파기 위해, 드러밍(구애나 자기영역 선언)을 위해 나뭇가지에 달라붙어 나무를 쫀다.

대체 딱따구리들은 나무 구멍 속에 있는 벌레를 어떻게 잡아먹을까? 그 비밀은 딱따구리의 긴 혀에 있다. 나무 구멍 속의 벌레를 확인한 딱따구리는 그 긴 혀를 쭉 늘리고, 브러시 모양으로 된 혀 끝으로 벌레를 붙잡아 끌어당겨 꺼내어 먹는다. 그 혀와 혀 뼈의 길이는 부리의 약 2~3배나 될 정도로 길다. 딱따구리는 평소에는 그 혀를 두개골의 뒤에서부터 위쪽으로 말아 올려 콧구멍까지 감고 있다고 한다.

35
죽은 척을 해서 천적을 피하는 동물이 있을까?

　　너구리는 잠자는 척을 잘 한다고 알려져 있다. 그러나 너구리는 매우 겁쟁이라서 충격을 가하면 '척'하는 것이 아니라 정말로 기절한다.

　　적의 눈을 속이기 위해서 눈을 감고 굳어 버릴 만큼 확실하게 '죽은 척'을 하는 동물은 키타오 포섬이다. 이 동물의 별명은 주머니쥐이다. 이름대로 언뜻 보면 커다란 쥐이지만, 캥거루와 같은 유대류有袋類로 미국 대륙에 서식하고 있다. 키타오 포섬의 '죽은 척'은 눈을 감고 굳어지기만 하는 것이

아니라 혀까지 내민다. 게다가 역겨운 '죽은 냄새'까지 풍긴다고 한다. 영어로 'play possum(주머니쥐의 흉내를 내다)'은 '자는 체, 죽은 체를 하다', '꾀병을 부리다' 등을 의미한다.

키타오 포섬이 죽은 흉내를 내는 것은 적과 만난 충격으로 체내의 아드레날린이 이상적으로 많이 분비되어 일시적으로 가사상태가 되기 때문이라는 설도 있지만, 진짜 그런 척하는 것이라는 설도 있다.

36
홍수가 나면 땅 속의 개미집은 어떻게 될까?

주변 일대가 침수될 정도의 홍수가 나도 개미집은 큰 피해를 입지 않는다. 개미집 구멍의 입구가 작기 때문에 엄청난 홍수가 나도 개미집에 직접 흘러 들어오는 비의 양은 그다지 많지 않다. 또한 개미집에는 가지처럼 여러 갈래로 나누어진 길이 있어, 알이나 음식을 저장하는 심장부에는 물이 들어오지 않는다고 한다. 더욱이 개미는 본래 비의 영향을 받기 어려운 장소에 집을 만든다. 들판에서는 빗물이 흘러들기 어려운 비교적 높은 위치에 집을 만들고 인가 주변에는 마루청 아래나 처마 밑 등 비가 직접 닿지 않는 장소에 집을 정한다.

37

정말로
흡혈박쥐가 있을까?

흡혈귀 드라큘라 백작의 옆에는 언제나 박쥐가 날고 있다. 동유럽에는 예로부터 흡혈귀의 전설이 많이 있었는데, 전설에 따르면 흡혈귀는 밤이 되면 다른 동물의 모습으로 변신해 피를 빨아먹기 위해서 동네를 다니다가 사람을 공격한다고 한다. 그런 전설에 박쥐는 전혀 등장하지 않는다.

18세기에 들어서서 중남미에 간 탐험가들이 흡혈성이 있는 박쥐를 보고 귀국하여 엄청난 소문을 퍼트렸다. 그래서 1725년 전후로 박쥐가 등장하는 흡혈귀소설이 등장하게 된 것이다. 피를 빨아먹는 박쥐라고 이름 지어진 흡혈박쥐의 서식지는 중앙아메리카와 남아메리카뿐이다. 큰 것은 날개를 펴면 30센티미터부터 32.5센티미터에 이르고 키는 10센티미터 정도이다. 흡혈박쥐는 바늘처럼 생긴 날카로운 앞니로 동물의 피부에 작은 상처를 낸 뒤 혀로 피를 핥아먹는다. 하지만 소문처럼 무시무시하게 피를 빨아먹지는 않는다. 흡혈박쥐가 특히 좋아하는 피는 말이나 소, 양과 같은 가축의 피이다. 때때로 사람이 공격을 당할 때도 있지만 사람의 피는 그다지 좋아하지 않는다고 알려져 있다.

38
공룡 이름에는 왜 '△△사우르스'가 많을까?

스테고사우르스, 티라노사우르스, 디노사우르스……. 모두 예전에 지구를 제 세상인 듯 활개치던 공룡의 이름이다. 공룡의 이름 뒤에 사우르스가 붙은 것이 많은 이유는 공룡이 도마뱀과에 속하기 때문이다. 그리스어로 도마뱀은 '사우르스'이다. 예를 들면, 디노사우르스라고 하면 '무서운 도마뱀'이라는 뜻이 된다.

또 공룡의 이름에는 이구아나돈과 같이 '~돈'으로 끝나는 것도 많다. 이는 화석에서 보듯이 공룡의 날카롭고 큰 치아와 관계가 있다. 역시 그리스어로 치아는 '오돈'이라 하며, 이것이 '돈'이 되었다.

39
공룡은 모두 클까?

'공룡'하면 어마어마하게 큰 몸집을 떠올리게 된다. 대개의 공룡영화를 보면 사람의 키에 비해 공룡은 매우 거대한 모습으로 묘사된다.

하지만 공룡 가운데 콤프소그나투스는 닭만큼 작았는데 몸길이도 60센티미터밖에 되지 않았다고 한다. 육식공룡인 콤프소그나투스는 뒷발이 발달되어 매우 빠르게 달릴 수 있었다.

40

치타만큼 빨리 달리는 동물이 또 있을까?

치타는 지구상의 동물 가운데 가장 빨리 달리는 것으로 알려져 있다. 시속 110킬로미터의 순간속도를 낼 수 있는 치타는 대개 시속 60킬로미터의 속도로 달린다. 사냥개의 일종인 잉글리시 헌트도 시속 60킬로미터의 속도로 달릴 수 있다고 한다.

41

개의 나이를 사람 나이로 치면 어떻게 될까?

개의 종류에 따라 조금씩 차이가 있다. 다음의 환산표는 표준치로 작성된 것이므로 모든 개에게 적용되는 것은 아니다. 대략적인 수치로만 참고하자.

20일 → 1세   1개월 → 1.5세   2개월 → 3세

3개월 → 4.5세   4개월 → 6세   5개월 → 7.5세

6개월 → 9세   8개월 → 12세   10개월 → 15세

1년 → 18세   1.5년 → 22세   2년 → 26세

3년 → 31세   4년 → 36세   5년 → 41세

6년 → 46세	7년 → 51세	8년 → 56세
9년 → 61세	10년 → 66세	11년 → 71세
12년 → 76세	13년 → 81세	14년 → 86세
15년 → 91세	16년 → 96세	17년 → 101세

이후의 나이는 개 1년을 사람 나이 5세에 적용하면 대략 맞아 떨어진다.

42
개는 왜 항상 혀를 내밀고 있을까?

개들을 자세히 관찰해 보면 입을 다물고 있는 시간보다 입을 약간 벌리고 혀를 내밀고 있는 시간이 많다. 그 이유는 체온을 조절할 수 있는 땀샘이 혓바닥과 발바닥에 밀집되어 있기 때문이다. 개가 뛰어다니거나 운동을 하면 체온이 올라가게 되므로 체온조절을 위해 입도 평소보다 더 크게 벌리고 혓바닥도 더 많이 내밀어 숨을 쉬게 된다.

43
고양이 목에 방울을 달면 어떻게 될까?

고양이 목에 방울을 달면 고양이에게는 엄청난 스트레스를 주게 된다. 쥐를 잡지 못해서가 아니라 고양이의 목 근처에서 울리는 방울소리는 고양이의 귀에는 엄청난 소음이기 때문이다. 고양이는 인간의 6배에 해당하는 좋은 청력을 갖고 있다. 고양이 목에서 방울소리를 듣는다면 고양이는 견딜 수 없는 소음공해에 시달리게 된다.

게다가 고양이는 4만 헤르츠까지의 고주파를 들을 수 있다. 인간이 듣는 한계는 2만 헤르츠이므로 고양이의 귀에는 인간의 2배나 되는 소리가 들린다.

44

튤립은 튤립의 나라 네덜란드에서 왔을까?

아니다. 튤립은 원래 터키에서 온 꽃이다. 튤립이라는 말 역시 터키 사람들이 머리에 쓰는 터번, 즉 '툴리반드 Tuliband'에서 온 말이다. 꽃송이가 툴리반드를 닮았다고 붙여진 이름이 튤립이다.

16세기에 네덜란드에 전해진 튤립은 매우 큰 인기를 끌었고, 지금은 네덜란드의 상징이 되었다.

45

신기루는 도대체 왜 생길까?

사막을 헤매던 사람이 오아시스를 보고 달려갔는데 막상 도착해 보면 그곳에는 아무것도 없다. 그것은 신기루를 보았기 때문이다. 신기루는 빛의 이상 굴절 현상으로 인해 가상의 물체가 보이는 것을 말한다.

대기의 조건에 따라 큰 야자수가 조그맣게 보이기도 하고, 바다에 떠 있는 얼음 조각이 거대한 빙산으로 보이기도 한다. 조그만 얼음이 크고 화려한 궁전으로 보이기도 해서 사막이나 바다에서는 눈에 보인다고 그것이 실제로 존재한다고 믿기가 어렵다.

신기루는 크게 두 종류로 설명할 수 있다. 첫째, 땅이나 물 표면에 접한 더운 공기에 의한 굴절 현상 때문에 일어나는 신기루이다. 둘째, 북극해 같은 곳에서 나타나는 신기루인데, 이것은 찬 공기에 의한 굴절현상 때문이다.

46

**알은 언제나 동그랄까?
네모난 알은 없을까?**

있다. 대부분의 사람들이 생각하는 것처럼 거의 모든 알은 둥글게 생겼다. 새 알이 그렇고, 생선 알들도 그렇다. 지금은 멸종되고 없는 공룡의 알도 계란처럼 타원구로 생겼다. 사람의 난자도 둥글고, 개구리 알도 둥글어 '알'하면 모든 알이 둥글다고 생각하기 쉽지만 네모난 알도 있다. 복상어의 알은 주사위처럼 정육면체로 생겼다.

47

**쓰나미 해일로
동물은 왜 한 마리도
죽지 않았을까?**

2004년 12월 26일 일요일 인도양 해저에서 발생한 지진으로 인해 엄청난 해일이 발생하여 동남아시아의 여러 나라들이 매우 큰 피해를 입었다. 이날의 쓰나미는 인류역사상 가장 큰 재난으로 기록되었다. 10만 명이 넘는 아시아 사람들이 목숨을 잃었는데, 스리랑카에서도 무려 3만 명이 넘는 사람들이 사망했다. 그런데 스리랑카 야생동물관리소의 관계자에 따르면 거대한 해일로 인해 죽은 동물은 단 한 마리도 없었다.

스리랑카 야생동물과의 책임자 라트나야크H.D. Ratnayake는 다음과 같이 말했다.

"코끼리는 물론 토끼 한 마리 죽지 않았어요. 동물들에게는 재해를 감지할 수 있는 육감이 있어서 언제 재해가 일어날지를 알고 있는 것 같아요."

해일은 남해안에서 2마일이나 떨어진 얄라Yala국립공원까지 덮쳤는데, 얄라국립공원은 스리랑카에서 가장 큰 야생동물보호구역으로 수백 마리의 야생코끼리와 표범들이 있었지만 역시 단 한 마리도 목숨을 잃지 않았다.

48

사자는 정말 용감한 동물일까?

밀림의 왕자로 불리는 사자는 사실 밀림에 살지 않는다. 사자는 초원지대에 사는 맹수이다. 어쨌든 동물의 왕으로 불리는 사자는 실제로는 용감하지 않다. 오히려 비겁한 편이라고 할 수 있다. 사자들은 스스로 먹이를 사냥하기보다는 다른 동물들이 사냥한 먹이를 가로채기를 한다.

하이에나가 가장 비겁한 동물로 알려지게 된 것도 사실은 사자들 때문에 생긴 오해이다. 아프리카 초원지대를 방문하는 사파리 여행객들은 사자가 먹이를 먹는 동안 그 주변에서 호시탐탐 기회를 노리는 하이에나를 보게 된다. 하이에나는 스스로 먹이를 사냥하지 않고, 다른 동물이 사냥한 먹이를 빼앗아 먹거나 썩은 고기를 주로 먹는다고 생각하게 된 것도 이 때문이다. 하지만 하이에나는 썩은 고기를 먹기보다는 먹잇감을 사냥하는 경우가 훨씬 많다. 단지 사람들이 없는 밤사이에 먹이 사냥을 하기 때문에 눈에 띄지 않는 것뿐이다. 오히려 사자들이 하이에나의 먹이를 가로채서 먹는 것을 보고 사자가 사냥한 먹이를 하이에나가 얻어먹기 위해 기회를 엿보는 것으로 오해한 것이라고 한다.

49
개미는 정말 부지런할까?

그렇지 않다. 대부분의 개미는 게으르다. 개미집단을 자세히 관찰하면 개미의 80%는 게으름을 피운다. 괜히 돌아다니고 있을 뿐이며 일하고 있는 것이 아니라고 한다. 개미의 약 20% 정도만 열심히 일을 한다. 그러나 게으른 개미를 골라내고 부지런한 개미만 남기더라도 그 중에 80%는 다시 게으름을 피우고 그 중의 20%만이 여전히 열심히 일한다.

50
열대지방의 나무는 나이테가 없을까?

나무의 나이테가 생기는 이유는 나무의 생육에 차이가 나는 계절을 지내기 때문이다. 온대지방의 나무는 봄부터 가을까지 생육(성장)이 왕성하기 때문에 많이 자라고 조직도 연하다. 반면 겨울이 되면 나무는 얼지 않기 위해 수분을 모두 배출하고 생육도 거의 멈추기 때문에 검고 단단해진다. 흔히 나이테라고 하는 부분은 바로 겨울에 자란 이 부분을 두고 하는 말이다.

열대지방의 나무도 나이테가 있다. 온대지방의 나무처럼 선명하지도 않고 나이테의 간격도 크다. 열대지방에는 건기와 우기로 나뉘는 두 계절이 있어서 나무가 자라는 정도에 차이가 나기 때문이다.

전문가들 중에는 이 나이테를 두드러지게 성장한 모습을 나타낸 나무의 자람흔적이라고 해서 '성장테'라고 부르기도 한다. 이 성장테를 통해 나무가 몇 년 되었는지 알 수 있다.

51
에베레스트 산의 이름은 어디서 유래한 걸까?

에베레스트는 세계에서 가장 높은 산으로 알려져 있다. 에베레스트는 사람 이름에서 따온 말이다. 1941년 인도 측량국 초대 장관이었던 영국인 조지 에베레스트 경이 에베레스트 산의 위치와 높이를 정확하게 기록한 데서 유래되었다.

히말라야 사람들은 에베레스트를 '초모랑마'라고 부른다. 초모랑마chomolungma란 세계lungma의 여신chomo이라는 뜻이다. 최근

에는 국제적으로 에베레스트라고 부르기보다는 초모랑마로 부르
는 추세이다.

52
노새는 새끼를 낳지 못한다는 것이 사실일까?

사실이다. 당나귀 수놈과 암말 사이에서 태어난 것이 노새이다.

노새는 인간이 부리기 위해 교배한 것으로 체질과 지구력이 강하다. 또 체격에 비해 많은 짐을 질 수 있어 그 쓰임새가 주로 운반용이다.

노새의 수컷은 번식력이 없다. 중간잡종의 염색체가 다른 염색체로 되어 성숙분열할 때 감수분열이 일어나지 않아 정자를 만들지 못하기 때문이다. 그러나 암노새는 수태하기 어렵기는 하지만 드물게 수태하여 새끼를 낳아 기를 때도 있다.

제 5 장

고대 역사 탐방 속으로!
역사 잡학

01

고대 그리스의 조각들이 왜 영국에 많을까?

그리스는 영국의 식민지였던 적이 없다. 하지만 영국의 대영박물관에는 파르테논 신전의 조각을 비롯하여 고대 그리스 시대의 예술품이 대량으로 전시되어 있다.

그리스의 고대미술품을 최초로 전시한 것은 영국의 어르긴 백작이었다. 그는 터키 주재 영국대사로 근무한 적이 있었다. 그가 대사로 있던 당시에 그리스는 터키의 식민지였다. 어르긴 백작은 터키 정부로부터 '아크로폴리스의 측량, 조사, 발굴, 그리고 조각이나 비문의 운반을 허락한다'는 증서를 받아냈다. 어르긴 백작은 이 증서를 이용해 수년 동안 많은 고대 그리스 미술품을 영국으로 옮겨서 대영박물관에 팔았다.

현재 그리스 정부는 예술품의 반환을 요청하고 있지만 영국 정부는 상대도 하지 않고 있다.

02

고대 바빌로니아에서는 이혼하려면 전처에게 위자료를 주어야 했다는데 사실일까?

수메르의 법전이 나오기까지 세계에서 가장 오래된 법전의 자리를 지켰던 고대 바빌로니아의 함무라비 법전에 따르면 남자는 언제라도 부인과 이혼할 수 있었다. 그러나 이혼을 하려면 반드시 아내에게 생활비와 위자료를 주어야만 했다.

또 남의 아내에게 키스를 한 사람은 아랫입술을 자르고, 불륜을 저지른 남녀는 물 속에 던져 익사시켰다. 근친상간의 범죄를 저지른 사람은 귀양을 가거나 처형되었다.

03

세계 4대 문명의 하나인 인더스 문명은 왜 망했을까?

역사 교과서에는 아리아인의 침입으로 인더스 문명이 망한 것으로 나와 있다. 그러나 아리아인의 침입이 있기 전에 인더스 문명은 벌써 쇠퇴하고 있었는데 그 원인은 바로 환경파괴 때문이었다.

고대 인더스 문명을 일군 사람들은 건물을 벽돌로 지었다. 벽돌은 집뿐만 아니라 신전, 도로, 배수시설 등에서도 사용되었는데 이 벽돌들을 굽기 위해서 엄청난 양의 큰 나무들이 벌목되었다. 산

130

이 황폐하면 산사태 등의 엄청난 재해를 막을 수가 없게 된다. 인더스강 유역에 번영했던 인더스 문명은 나무를 너무 많이 잘라서 인더스강의 범람을 가져왔고 결국은 섬처럼 고립되어 쇠퇴했다고 한다. 아리아인이 침입했을 때 인더스문명은 이미 망하기 직전이었다.

04

트로이 유적을 발굴한 슐레이만이 무기밀매 상인이었다는 것이 사실일까?

트로이의 유적을 발굴한 슐레이만은 어려서 호머의 이야기를 상상의 이야기가 아니라 역사적 사실로 받아들였다. 그는 언젠가 호머의 이야기에 나오는 옛 도시 트로이를 보고 싶었다. 슐레이만은 트로이 발굴에 생애를 바칠 결심을 했지만 유적발굴에는 많은 돈이 들었다. 가난한 목사의 아들로 태어난 슐레이만은 우선 발굴자금을 마련하기 위하여 돈을 벌기로 했다. 20살에 암스테르담의 슈뢰더상회에 입사한 그는 사업가로 성공한 뒤에도 닥치는 대로 돈을 벌었다.

1854년 러시아와 터키 사이에서 크리미아 전쟁이 터지자 슐레이만은 러시아 측에 무기를 밀매하여 큰 이익을 보았다. 그가 얻은 부의 대부분은 무기를 밀매하여 얻은 것이었다. 무기 밀매를 통해 벌어들인 돈이 웬만큼 모이자 슐레이만은 고대사 연구를 시작했고, 49세에 그가 평생 꿈꾸던 트로이 유적의 발굴에 성공했다.

이집트 최후의 파라오인 클레오파트라는 이집트 사람이 아니었을까?

이집트 최후의 여왕인 클레오파트라는 당연히 이집트 사람이라고 생각하는 사람이 많겠지만 사실 클레오파트라는 그리스 사람이다.

클레오파트라를 낳은 프톨레마이오스 왕조는 원래 마케도니아 출신이다.

마케도니아의 알렉산더 대왕은 멀리 인도 북부에서 이집트에 이르는 넓은 세계를 정복했지만, 너무 일찍 죽고 말았다. 그가 죽자 알렉산더의 제국은 쪼개지고 말았다. 속주였던 이집트의 권력은 알렉산더 대왕의 부장이었던 프톨레마이오스에게 돌아갔다. 이 때부터 이집트의 파라오는 로마에 멸망하기까지 마케도니아 출신의 프톨레마이오스 왕조가 잇게 되었다. 클레오파트라는 프톨레마이오스 왕조의 마지막 파라오였지만 이집트인의 피는 물려받지 않았다. 그녀는 마케도니아인, 그리스인, 인도인의 혼혈이었다고 전해지고 있다. 내려오는 전설처럼 그녀가 절세미인이었다면 그 아름다움은 다양한 민족의 피가 섞였기 때문이었을 것이라고 한다.

고대 로마 황제 중에는 왜 폭군이 많았을까?

고대 로마의 황제나 귀족은 납으로 만든 식기를 사용했다. 폭군 레오, 칼리굴라, 클라우디우스, 네로 등 고대 로마에 폭군이 많았던 것은 이 납으로 만든 식기의 영향이었을지도 모른다고 한다.

매일 이 그릇을 사용하면 납이 녹아서 몸에 쌓이게 된다. 고대 로마의 수도관도 납으로 만들어져 있었기 때문에 매일 상당량의 납이 몸 속에 쌓일 수밖에 없었다. 연구자들에 따르면 고대 로마 황제의 하루 납 섭취량은 현대인의 여덟 배나 되었다. 그 정도로 많은 납을 섭취하게 되면 위장이나 간장에 장애가 생기고 뇌도 장애를 일으킬 수 있다. 로마에 폭군이 많았던 것은 납중독 때문이었을지도 모른다.

로마제국의 황후 메살리나는 창녀였다는 게 사실일까?

메살리나는 창녀였다가 황후가 된 것이 아니라 황후가 된 이후에 창녀가 되었다. 메살리나는 16세 때 50세의 로마 황제 클라우디우스의 세 번째 황후가 되었다. 메살리나는 네로 황제의 아내인 옥타비아의 어머니이다.

메살리나는 성적 충동을 이기지 못하는 님포마니아 환자였다. 님포마니아는 비정상적인 성욕항진증을 뜻하는데, 아무리 노력해도 솟아나는 성욕을 억누를 수 없는 병이다. 메살리나는 수많은 정부를 두었지만 끊임없이 일어나는 성욕을 누를 수 없어서 로마 시내의 매음굴로 나가 창녀가 되었다. 그녀는 수많은 여자들을 모아 천민들이 모여 사는 곳에서 윤락업소를 열었다. 그녀의 영업장을 들어서려면 남자의 페니스 모양으로 만들어진 문고리를 잡아야 했다고 한다.

메살리나는 남편인 클라우디우스를 죽이고 정부와 함께 권력을 잡으려고 시도하다 발각되어 처형되었다.

08

예수는 백인이었을까?

중세유럽의 그림에는 그리스도의 초상이 매우 많다. 대개 얼굴은 약간 갸름하고 머리카락은 길며 세련된 백인의 모습으로 그려져 있지만 이는 거짓이다. 왜냐하면 예수 그리스도는 고대 헤브라이인, 즉 유대인의 선조였기 때문이다. 아시아계 피가 섞인 고대 헤브라이인의 피부는 갈색에 가깝고 머리카락도 검고 곱슬머리인 경우가 대부분이다. 따라서 유럽인들이 그린 초상화에서처럼 찰랑거리는 긴 머리는 아니었을 것이다.

그리스도의 얼굴은 검은색 곱슬머리에 갈색 피부를 가진, 아시아계의 얼굴 모습으로 사납고 날쌘 모습을 한 이스라엘 병사와 같은 얼굴이었을 것으로 추정된다.

09
동로마제국이 멸망한 것은 깜빡 잊고 잠그지 않은 문 때문이었을까?

무려 천년 동안 지속되던 동로마제국이 멸망한 것은 작은 문 때문이었다.

비잔틴제국으로도 불린 동로마제국은 매우 쇠퇴하여 15세기에는 수도 비잔틴(현재 터키의 이스탄불)과 도시 몇 개만이 겨우 남아 있었다. 1453년 오스만투르크(터키)가 침공했을 때 비잔틴은 성문을 모두 걸어 잠그고 50일 동안 농성전을 벌였다. 비잔틴제국의 군사는 약 8천 명밖에 되지 않았지만, 15만의 오스만투르크군을 잘 막아내고 있었다. 성벽이 견고하여 버틸 수 있었던 것이다.

동로마제국이 오스만투르크에게 멸망한 것은 아주 사소한 일 때문이었다. 비잔틴 성에는 여러 개의 성문이 있었는데, 케르카포르타라는 작은 성문이 채 잠기지 않았던 것이다. 양쪽 모두 성문이 열려 있으리라고는 생각지도 못했다. 그러다가 오스만투르크군의 병사가 케르카포르타가 잠겨 있지 않은 것을 우연히 발견하고 말았다. 오스만투르크군은 이 작은 성문을 통해 비잔틴 시내로 들어갈 수 있었다. 동로마제국의 마지막 황제 콘스탄티누스 1세는 이 전쟁에서 전사하고 동로마제국은 멸망했다.

15세기 이후 유럽과 아시아의 관문인 비잔틴, 즉 이스탄불은 현재 터키의 영토이다.

중세 기사들은 넘어지면 혼자 일어나지도 못했을까?

중세 유럽에는 알루미늄이나 두랄루민처럼 가벼운 비금속은 없었다. 그래서 중세기사의 갑옷은 모두 강철로 만들어졌다. 그 무게만 해도 사람의 몸무게와 맞먹는 70~80킬로그램이나 되었다. 그래서 중세의 기사들은 한번 쓰러지면 자신의 갑옷 무게 때문에 일어설 수가 없었다.

전쟁터에서는 말을 탄 채로 쓰러진 적의 목이나 팔, 다리 등 갑옷이 이어지는 틈새를 단검으로 찔러 목숨을 빼앗았다. 이것이 중세의 싸움 방법이었다.

그러면 왜 기사들은 이렇게 불편한 갑옷을 입었을까? 그것은 석궁으로 쏘는 화살로부터 몸을 보호하기 위해서였다. 가벼운 갑옷으로는 석궁을 막아낼 수 없었기 때문이다.

11

중국 당나라에도 야간 통행금지가 있었을까?

중국 당나라의 수도 장안은 황제가 있는 곳인 만큼 치안이 중요했다. 장안에서는 야간 통행금지가 있었는데, 성문을 닫는 것은 물론이고 집안의 방문도 닫아걸어야 했다.

야간에는 통행증이 있어야 밖을 다닐 수 있었다. 사람이나 통행증을 갖고 있지 않은 사람이 만일 방문을 열고 자기 집안을 돌아다니기만 해도 걸리면 태형 20대의 처벌을 받아야 했다고 한다.

12

당나라 농민들이 반란을 일으킨 이유는 무엇이었을까?

중국 역사에서 가장 찬란한 문명을 꽃피운 것은 당나라 때이다. 당나라 황실은 재정적자가 심했다. 이 재정적자를 메우기 위해 백성들끼리 사고팔던 소금의 자유판매를 금지하고 국가가 독점하는 소금 전매제도를 실시했다. 소금 값에는 종래의 4배에 달하는 세금을 매겼다.

사람은 소금이 없으면 살 수가 없다. 하지만 백성들은 매우 가난하여 무거운 세금이 매겨진 소금을 살 수가 없었다. 소금의 밀매가 성행하고 작은 반란들이 일어나기 시작했다.

중국의 역대 왕조는 대개 농민반란으로 멸망했다. 민심이 천심이라는 말 그대로이다. 당나라 멸망의 직접적인 원인이 된 황소의 난은 소금에 대한 전매제도에 반발한 농민들의 지지를 받고 급속도로 번져 나갔다. 당나라는 농민의 지지를 이미 잃고 있었던 것이다. 황소는 당의 각 도시를 공격하고 재산과 먹을 것을 빼앗아서 농민들에게 나누어주면서 눈 깜짝할 사이에 그 세력을 늘려 나중에는 60만 대군으로 불어났다. 그들은 당의 수도인 장안을 습격했고, 소금을 독점하려던 당제국은 망하고 말았다.

13
청나라 황제 중에 황금미라가 된 사람이 있을까?

청나라 최고의 황제 강희제의 아버지인 순치황제는 선왕인 태종의 9번째 아들로 6살에 황제가 되었다. 그는 퉁 퀘이 페이라는 여성과 사랑에 빠졌는데, 그녀는

만주족이 아니어서 결혼할 수가 없었다. 그는 아들 강희제에게 황
제의 자리를 물려주고 베이징 외곽에 있는 불교 사찰로 들어가 수
도승으로 여생을 보냈다.

순치황제가 죽은 후 그 시체는 금으로 입혀 향료를 바르고 미라
가 되었다. 황금미라가 된 그의 몸은 황색 비단으로 만든 황제의
옷이 입혀진 후 옥좌에 안치되어 300년이 넘도록 실물 크기로 보
존되고 있다.

사랑하는 사람과 결혼할 수 없게 되거나 실연하여 사랑의 아픔
을 겪는 중국의 젊은이들은 사랑 때문에 황제의 자리를 버린 사랑
의 사도를 보기 위해 순치황제의 미라를 찾는다고 한다.

14
청나라의 건륭황제는 왕자가 아니었다는 게 사실일까?

건륭황제는 강희제의 손
자로 옹정제의 넷째 아들이
다. 강희제에서 건륭제에 이
르는 기간 동안 청나라는 최
고의 전성기였다. 특히 건륭
황제의 치세는 '십전의 치
(十全之治)'라 하여 완벽한 통치였다고 칭송받았다.

건륭제는 사실 옹정황제의 아들이 아니다. 그의 어머니인 니우
홀라는 옹정제의 빈이었다. 옹정제는 니우 홀라에게 아들을 낳지
못하면 빈을 폐하겠다고 엄포를 놓았는데, 니우 홀라는 딸을 낳고
말았다. 니우 홀라는 아무도 모르게 같은 날 태어난 대신의 사내아

이와 자신의 딸을 바꿔치기했다. 옹정제는 자신의 아이로 알고 너무 기뻐하며 니우 훌라를 황후에 봉했다. 바뀐 아이는 황제가 되어 60년 동안 청나라를 다스렸다. 그는 황제가 된 이후에도 어머니 니우 훌라에게 문안하는 것을 하루도 거르지 않았다.

15
예언자 노스트라다무스가 가짜 화장품을 만들었을까?

예언자 노스트라다무스는 원래 의사였다. 16세기 페스트가 유행했을 때 노스트라다무스는 쥐를 없애고 시체를 화장하는 등 공헌을 했다. 이 훌륭한 페스트 대책으로 당시 프랑스국왕 샤를 9세에게 총애를 받아 황후를 비롯한 귀족여성들과 알고 지내기 시작했다.

노스트라다무스는 귀부인들을 상대로 화장품을 만들어 팔았는데, 젊음을 되찾아준다는 그의 화장품은 불티나게 팔려나갔다. 당시 궁에서는 매일 밤 무도회나 연주회가 열리고 귀부인들은 서로 아름다움을 뽐내며 암암리에 경쟁을 벌이고 있었다. 남보다 더 아름다워지고 싶은 욕심이 많았던 황후는 노스트라다무스에게 화장품을 만들어달라고 부탁했다. 이렇게

만들어진 화장품이 귀족여성들 사이에서 인기를 끌게 되었다.

하지만 노스트라다무스의 화장품 재료 중에는 놀랍게도 수은이 들어 있었다고 전해지고 있다. 귀족여성들은 노스트라다무스 화장품에 들어 있던 수은에 중독되어 상당한 후유증에 시달렸다고 한다.

16

프랑스혁명은 프랑스에 화장실이 없었기 때문에 일어났을까?

유럽은 역사적으로 뛰어난 예술과 문화를 발전시켜 온 것으로 알려져 있지만 사실은 매우 긴 야만의 시대를 보냈다.

로마 시대에는 석조 건물로 지은 훌륭한 공중 화장실과 하수도 시설이 많이 만들어졌지만, 로마제국이 멸망하고 난 뒤에 서유럽에서는 제대로 된 화장실을 만들 수가 없었다. 공중 화장실도 요강 같은 것을 설치한 정도였는데 배설물을 처리할 방법을 찾지 못했기 때문에 많이 만들 수가 없었다. 공중 화장실의 수가 극히 적다 보니 거리는 오물로 넘쳐 코를 찌르는 악취가 심하게 날 수밖에 없었다. 파리에 사는 사람들은 집에서 요강 같은 것에 일을 보고 아침이 되면 창을 통해 도로에 버렸다. 집안에 하수도가 없었기 때문이다. 파리의 악취는 상상도 할 수 없을 만큼 극심했던 것으로 전해오고 있다.

당시 루이 14세가 살고 있던 루브르 궁전도 오물과 온갖 오염으

로 악취가 매우 심했다. 그것을 참을 수 없게 된 왕이 베르사유에 궁전을 새로 짓고 옮기게 되었다. 그 결과, 국왕과 시민과의 관계가 소원해지고 결국 프랑스혁명으로 이어졌다고 보는 견해가 있다.

불결하기 짝이 없는 유럽의 도시에서는 콜레라를 비롯한 전염병들이 유행하여 많은 사람이 죽어 나갔다. 나라가 망할 지경에 이르러서야 유럽의 화장실과 변기의 개발이 진행되었다.

17

'에티켓' 이라는 말의 유래는 무엇일까?

베르사유 궁전은 프랑스 루이왕조 시대의 대표적 건축물이다. 그 외관과 내장은 한마디로 휘황찬란하지만, 이 건물에는 잘 알려진 대로 화장실이 없다. 그 이유는 당시의 왕을 비롯한 궁전의 사람들은 각자 전용 변기를 가지고 있었기 때문이다. 루이 14세는 264개의 변기를 가지고 있었다.

하지만 전용변기가 없는 손님은 곤란할 수밖에 없었다. 그들은 궁전의 정원에서 사람 눈을 피해 용변을 보는 일이 많았는데, 이로 인해 정원에서는 늘 고약한 냄새가 났다. 이런 매너 없는 행동에 화가 난 정원사 중 한 사람이 하루는 출입금지 팻말을 세웠다. 이 팻말이 '에티켓'으로, 이것이 예절을 의미하는 에티켓이란 단어의 어원이 되었다.

<table>
<tr><td>

18

프랑스혁명은 날씨의
영향을 받았을까?

</td><td>

당시 프랑스 국민의 90퍼
센트가 넘는 농민과 평민은
과도한 세금을 물고 총 인구
의 10퍼센트도 되지 않는
귀족과 성직자는 화려한 생
활을 하고 있었다. 1788년

</td></tr>
</table>

프랑스 곳곳에는 우박이 수차례 쏟아져서 농작물에 큰 피해를 입
혔다. 가뜩이나 어려운 농민들은 굶주림에 시달리게 되었다. 우박
으로 큰 피해를 입은 농민들의 불만이 폭발하면서 각지에서 폭동
이 일어났다. 다음 해인 1789년 7월 10일 바스티유 감옥을 습격하
면서 프랑스혁명에 불이 붙었다.

만약 우박이 내리지 않았다면 농작물에 큰 피해를 입지 않았을
것이고, 농민들은 조금 더 궁핍한 생활을 견뎌냈을지도 모른다.

<table>
<tr><td>

19

마리 앙투아네트는
정말 하룻밤 만에 머리가
백발이 되었을까?

</td><td>

프랑스혁명이 일어나고
황제 루이 16세와 그의 황후
인 마리 앙투아네트는 사형
선고를 받았다. 마리 앙투
아네트는 단두대에서 처형
될 운명을 앞에 두고, 두려

</td></tr>
</table>

움에 질린 나머지 신경이 곤두서 하룻밤 만에 그녀의 머리가 하얗
게 세어 버렸다는 이야기가 전해 내려오고 있다. 하지만 마리 앙투

아네트가 하룻밤 만에 백발이 되었다는 이야기는 사실이 아니다.

공포나 스트레스로 인해 머리가 백발이 될 수는 있지만, 새로 나오는 두피 부분에서 그렇다는 말이다. 이미 다 자라버린 머리카락의 색은 변하지 않는다. 머리카락은 1개월에 약 1cm 정도 자란다. 그러므로 몇 달은 지나야 백발이 된 머리를 확인할 수 있다.

마리 앙투아네트의 머리가 설사 백발이 되었다고 해도 이미 자라 있는 머리카락까지 하얗게 되지 않기 때문에 하룻밤 만에 머리 전체가 하얗게 세었다는 것은 과장된 말이다.

20

단두대는 '사형수에게 자비를 베풀기 위해' 고안되었다는 것이 사실일까?

세계의 처형방법 중에서 가장 잔혹하다고 알려진 것은 프랑스의 단두대이다. 받침대 위로 목을 내밀고 있으면 위에서 큰 칼이 떨어지면서 한순간에 머리가 몸체로부터 떨어져 나가는 무서운 처형방법이다. 하지만 단두대는 사형수에게 가혹하다기보다는 '사형수에게 자비를 베풀기 위해' 고안된 처형방법이었다.

단두대가 사용될 때까지 프랑스의 처형법은 손도끼로 목을 치는 것이었다. 그러나 팔 힘이 좋지 않은 처형자에게 걸리면 깨끗하게 목이 잘리지 않아 수형자는 단번에 죽지 못하고 지옥의 고통을 맛보게 된다. 사형수에게는 단숨에 싹둑 잘리는 편이 훨씬 덜 고통스럽다. 그래서 확실하게 순간적으로 머리와 몸체가 따로 분리되는 단두대가 고안되었다.

21
단두대는 누가 발명했을까?

프랑스의 단두대는 의사인 기요틴이 고안했다고 하여 기요틴이라는 이름으로 불리기도 한다. 하지만 단두대는 기요틴이 발명한 것이 아니다. 단두대는 고대 페르시아에 이미 있었다. 이 처형기구는 중세 독일에서도 사용되었다. 단두대가 프랑스의 기요틴으로 이름 붙게 된 것은 기요틴으로 사형을 집행하기 시작한 지 몇 년 뒤의 일이었다.

'루이제트Louisette' 또는 '프티트 루이종Petite Louison'이라 불렸던 기요틴을 설계한 사람은 독일인 슈미트Schmitt였다.

1789년 프랑스 대혁명 이후에 국민의회는 프랑스에서는 지위고하를 막론하고 모든 사형수에게 가장 좋은 인간적인 사형방법은 단두대를 사용하는 것이라고 의견을 모았다. 의회에서 사형수의 처형방법으로 단두대를 제안한 사람이 기요틴이었다. 기요틴의 자손들은 단두대가 기요틴이란 이름으로 불리는 것에 너무나 질겁하여 기요틴이 죽자마자 성을 바꿔 버렸다고 한다.

22

나폴레옹은 정말 독살되었을까?

프랑스의 황제 나폴레옹은 1821년 5월 세인트헬레나 섬에 유배되었다가 그곳에서 죽었다. 그의 사망원인을 둘러싸고 의견이 분분한데 가장 유력한 설은 그가 위암으로 사망했다는 것이다. 그의 초상화를 보면 배 위에 손을 대고 있다. 이 모습도 위통 때문이었다는 말이 있을 만큼 나폴레옹은 생전에 위통으로 괴로워했다는 사실은 이미 널리 알려진 얘기이다.

그런데 스웨덴의 연구자가 이견을 달고 나폴레옹이 독살되었다는 의혹을 제기했다. 나폴레옹의 머리카락을 분석했더니 고농도의 비소가 검출되었다는 것이었다.

그런데 영국의 연구자가 발표한 논문을 보면 나폴레옹은 독살된 것이 아니라 그저 비소중독으로 사망했다고 한다. 나폴레옹의 시대에는 비소가 약, 화장품, 염료로 사용되었기 때문에 벽지에도 이용되었다는 것이었다. 그래서 비소중독에 걸린 사람이 많았는데 나폴레옹이 죽은 방의 벽지를 분석해본 결과 역시 비소가 검출되었다. 즉 비소중독으로 죽었다 하더라도 그것은 다른 사람에 의한 독살이 아니라 벽지의 비소를 흡수해서 죽었다는 설을 내놓았다.

나폴레옹의 죽음을 둘러싼 이 논쟁은 명쾌한 답을 얻지 못한 채 설만 분분하다.

23

나폴레옹은 "나의 사전에 불가능이란 없다"는 말을 한 적이 있을까?

나폴레옹이 "나의 사전에 불가능이란 없다"라고 말했다는 것은 매우 유명한 이야기이다. 그러나 나폴레옹은 한 번도 이 말을 한 적이 없었다. 비슷한 말을 한 적이 있을 뿐이다.

1806년에 이에나의 전투에서 나폴레옹군은 프로이센군과 싸우기 위해서 고지로 대포를 끌어올려야 했다. 높은 산에 대포를 운반하는 작전을 세우자 병사들은 "불가능하다"라고 말했고, 이것을 보고하러 온 사령관에게 나폴레옹이 "불가능이란 말은 프랑스어에 없다"라고 대답했다. 그리고 그 전의 오스트리아와의 싸움에서도 "곤란이라는 말은 프랑스어에는 없다"라고 말해서 병사들을 격려한 적이 있었다.

그러니까 나폴레옹이 '~프랑스어에는 없다'라고 말하는 것을 좋아했던 것은 사실이다. 그렇지만 '나의 사전에는 불가능이란 말이 없다'라는 명문장으로 바꾼 것은 만들어진 이야기이다.

24

나폴레옹의 페니스가 잘려서 따로 보관 되었다는 것이 사실일까?

그렇다. 나폴레옹이 세인 트헬레나 섬에서 죽자 부검 을 담당한 의사는 나폴레옹 황제의 페니스를 잘라서 섬 의 사제에게 선물로 주었다. 그 후 나폴레옹의 시신은 프 랑스 본국으로 돌아와서 파리의 상 루이 교회의 관에 안치되었다.

그러나 절단된 페니스는 팔리고 팔려 1977년에는 미국의 한 비 뇨기과 의사가 3800불을 주고 샀다는 이야기가 있다. 그 후의 행 방에 대해서는 확실히 알려진 것이 없다. 미국의 의사가 샀을 때 나폴레옹의 페니스는 3센티 정도의 크기로 말라 있었다고 한다.

언제부터 흰 깃발이 항복의 표시가 되었을까?

전쟁에서 항복을 할 때는 백기를 들어올린다. 국제적 으로 백기가 항복의 표시라 는 정식 규칙이 정해진 것은 1907년 네덜란드 헤이그에 서 개최되었던 만국평화회 의에서였다. 우리나라 역사에 '헤이그 밀사 사건'에 등장하는 바 로 그 만국평화회의에서였다. 언어가 통하지 않는 나라끼리 전쟁 을 하다 보니 한눈에 항복으로 알 수 있는 사인이 필요했기 때문에 정한 규칙이다. 하지만 백기는 이미 그 이전에도 사용되고 있었는

데, 그 이유에 관해서는 몇 개의 설이 있다.

국기는 나라마다 각양각색이다. 염색되지 않은 하얀 천을 들어 올리는 것은 내 나라에 당신의 국기를 꽂아도 좋다, 이 백기에 물을 들여 당신의 국기를 만들라는 뜻이 되기 때문이라는 설이 있다.

중세 유럽에 교회가 주도하는 화이트 선데이라 불리는 날이 있었다. 이날만큼은 어떤 전쟁도 치룰 수 없었다. 전투가 진행되다가도 휴전할 수밖에 없었는데, 중세교회의 권위가 그만큼 컸기 때문이다. 여기서 화이트(하얀색)가 휴전을 의미하게 되었다는 설이 있다.

제3의 설로는 부상자가 나왔을 때 무기를 버렸다는 확실한 의사를 표현하기 위해 하얀 포대를 흔들어 항복한 것이 계기가 되었다고 한다.

전쟁터에서 항복 의사를 표시하려면 흔히 찾을 수 있는 것을 흔들어야 한다. 하얀 천은 구하기도 쉽고 눈에도 잘 띈다. 팬티라도 벗어서 흔들면 된다는 말이다. 만일 파랑색이나 노랑색의 깃발을 흔들어야 한다면 그 색깔의 천을 찾는 사이에 항복할 겨를도 없이 총에 맞아 죽을 수도 있을 테니 말이다.

26
세계 최초로 사립탐정을 직업으로 삼은 사람은 누굴까?

셜록 홈스나 에르큘 포와로는 소설의 주인공으로 유명한 사립탐정이다. 실제로 역사상 사립탐정이 생긴 것은 언제부터일까?

1833년 프랑스의 코젠느 프랑소와 비독이라는 남자가 세계 최초의 사립탐정이 되었다. 그 이전에는 사립탐정이라는 개념 자체가 없었다. 비독은 원래 가짜 상표를 만들거나 스파이 노릇을 했던 사람이다. 그는 뒷골목에서 몸으로 익힌 경험과 지식을 자본으로 탐정사무소를 열었다. 사무소 앞에는 '사적인 일에 관계하는 서비스정보취급사무소'라는 간판을 붙이고 꽤 번창했는데 결국 정부의 압력으로 문을 닫아야만 했다.

비독의 재능은 그 후에도 크게 발휘되어 프랑스의 비밀경찰조직의 장으로 출세하기도 했다. 그는 범죄수사 기법으로 지문대조와 필적감정을 도입하는 등 그 특수한 재능을 발휘하면서 범죄수사나 경찰업무를 크게 발전시켰다.

러시아가 정교회를 국교로 택한 이유는 무엇일까?

러시아제국의 기초가 된 것은 9~12세기의 키에프 대공국이다. 키에프 대공인 블라디미르는 국가의 종교를 정하기 위해 각 종교의 자료를 수집했다. 당시 종교는 없어서는 안 될 국가의 상징이었다. 마지막까지 후보에 오른 것은 이슬람교와 그리스정교였다. 대공은 처음에는 지리적으로 가까운 아랍에서 우세한 이슬람교를 선택하려고 했다.

블라디미르 대공은 이슬람교에 대해 더욱 자세히 조사하면서 이슬람교의 가르침과 계율이 복잡하고 번거롭다는 점을 알게 되었다. 돼지고기를 먹어서는 안 되고 메카를 향한 매일 5번의 예배도 번거롭기 그지없었지만, 가장 곤란한 것은 음주 금지였다. 러시아는 추운 나라이다. 매서운 겨울을 넘기기 위해서 술은 필수품이다. 술을 금하면 겨우 탄생한 국가가 반란으로 무너질 수 있을 정도로 러시아 사람들은 술을 좋아했다. 블라디미르 대공은 이슬람 지도자들과 교섭하면서 금주 조항만은 예외로 해줄 것을 요청했지만 거절당했다.

그래서 러시아는 술에 관대한 그리스도교를 선택하게 되었다.

**파리의 에펠탑은 헐릴 뻔
했지만 정말로 군대 때문에
지금까지 남아있게 된 것일까?**

'파리'하면 에펠탑, '에펠
탑'하면 파리를 연상할 만큼
에펠탑은 파리의 상징이다.
그러나 에펠탑이 파리 만국
박람회의 기념탑으로 건축
된 1889년 당시에는 철골이
드러난 모습이 파리 풍경과 어울리지 않는다고 하여 말이 많았다.
'아름다운 파리의 풍경을 보려면 에펠탑 위에서 보는 것이 제일 낫
다'는 얘기도 '에펠탑이 없는 파리를 볼 수 있다'는 비아냥의 소리
였다. 파리 시민들이 그토록 싫어하던 에펠탑은 만국박람회 폐막
후 바로 헐릴 예정이었다.

에펠탑이 지금까지 그대로 남을 수 있었던 것은 군대 때문이었
다. 군 통신용으로 사용하게 되면서 에펠탑은 간신히 살아남게 되
었던 셈이다. 지금은 파리 시민들도 에펠탑이 없는 파리를 상상할
수도 없게 되었다.

**제1차 세계대전이
일어난 것은 정말
양복 한 벌 때문일까?**

1914년 6월 오스트리아
의 황위계승자 프란츠 페르
디난트 대공이 세르비아의
청년에게 암살되었다. 이
사건을 계기로 제1차 세계
대전이 발발하게 된 것은 당

시 세계 정세가 그만큼 복잡하게 얽혀 있었기 때문이었다.

페르디난트 대공이 이날 다른 옷을 입었더라면 전쟁까지는 가지 않았을지도 모른다는 말이 있다. 그는 멋부리기를 매우 좋아했는데, 그 날도 몸에 딱 붙는 스타일의 예복을 입었다. 그가 상처를 입고 쓰러졌을 때 사람들이 그의 옷을 벗기기가 무척이나 힘이 들었다. 그만큼 응급처치가 늦어져서 그는 사망하고 말았고 제1차 세계대전이 일어났다.

30
10월 혁명은 10월에 일어나지 않았다는 말이 사실일까?

러시아의 공산혁명인 10월 혁명은 정확히 1917년 11월 7일에 일어났다. 그럼 왜 10월혁명이라고 할까?

당시 러시아는 율리우스력을 사용하고 있었다. 유럽은 율리우스력의 오차가 심해서 1582년부터 교황 그레고리우스 13세가 개정한 그레고리력을 사용했다. 러시아는 율리우스력을 그대로 사용하고 있었고, 율리우스력에 따르면 1917년 11월 7일은 10월 25일이다. 그래서 11월 혁명이어야 맞는 러시아 공산혁명은 10월 혁명이 되었다.

러시아는 혁명 이후인 1918년부터 그레고리력을 사용해 오고 있다.

'노아의 방주'는 아라라트 산에 있었을까?

성경에는 인간의 악행을 징벌하기 위해 신이 물로 인간세상을 멸망시키는 장면이 나온다. 신의 뜻에 따라 살고 있던 노아는 방주를 만들어 세상의 모든 동물 한 쌍을 태워 다가올 홍수에 대비하라는 천사의 계시를 받고 그대로 따랐으며, 나중에 아라라트 산에 방주를 상륙시켰다고 한다.

터키에 있는 아라라트 산은 노아의 홍수가 있고 난 뒤 너무나 오랜 세월이 흐른 뒤에 생긴 이름이다. 유럽인들이 터키의 아르메니아에서 가장 높은 산에 아라라트라는 이름을 붙여 불렀기 때문이다.

터키에 있는 아라라트 산에 노아의 방주가 있다는 풍문은 계속 정설처럼 돌아다니고 있다. 소련의 비행사들이 아라라트 산의 상공에서 노아의 방주와 비슷한 물체를 보았다는 얘기가 전해지면서 이 이야기는 사실처럼 떠돌고 있다. 그러나 아라라트 산에서 발견되었다는 방주의 잔해로 알려진 나뭇조각의 연대측정 결과는 12세기 이후의 것으로 판명되었다. 과학자들은 십자군전쟁이 한창이던 때에 노아의 홍수를 믿는 수도자들이 아라라트 산에 들어가 노아의 방주를 재현했을 가능성이 있다고 추정한다.

32

중국 역사상 유일한 여황제 측천무후는 어떻게 황제가 되었을까?

측천무후는 당나라 태종의 후궁이었다. 태종의 총애를 받지 못해 가장 낮은 재인의 신분으로 남아 있던 무측천은 태종이 죽자 감업사에 갇혀 살았다. 감업사는 황제가 죽으면 그 후궁들이 들어가 죽을 때까지 살던 곳이다.

태종의 뒤를 이어 황제가 된 고종은 세자 시절부터 마음에 있던 무측천을 데려다가 후궁으로 삼았다. 후궁이 된 무측천은 승승장구하여 황후의 자리에 올라앉게 되었고, 결국에는 고종을 허수아비로 만들고 스스로 정치를 하기 시작했다.

측천무후는 고종이 죽자 자신의 아들 중종中宗·예종叡宗을 차례로 즉위시키고 황족을 탄압했는데, 690년 혁명을 단행하여 국호를 주周로 고치고 스스로 황제가 되었다.

33

콜럼버스는 지구가 둥글다고 믿었기 때문에 웃음거리가 되었다는 것이 사실일까?

콜럼버스는 지구가 공처럼 생겼기 때문에 동쪽에 있는 인도를 가기 위해 서쪽으로 계속 가면 된다고 믿었다. 이로 인해 많은 사람들이 그를 조롱했다고 알려져 있다. 사람들은 지구가 원반처럼 생겼다고 믿었기 때문에 서쪽으로 계속 가다보면 낭떠러지로 떨어져 죽고 말 것으로 생각했기 때문이라고 한다. 그러나 이것은 사실이 아니다.

콜럼버스를 조롱한 사람은 없었다. 당시에는 지구가 둥글게 생겼다는 것에 대해 어느 누구도 의심하지 않았다. 단지 지구의 크기를 놓고 논란이 일었던 것뿐이었다. 지구가 크면 클수록 서쪽으로 도는 인도 항로가 멀어지기 때문이다.

콜럼버스는 지구의 둘레를 28,000km로 계산했다. 고대 천문학자인 프톨레마이오스의 방식으로 계산하여 얻은 이 수치는 실제보다 무려 12,000km나 짧게 계산된 것이었다. 피렌체의 수학자 파울로 토스카넬리의 방식대로 계산한 지구둘레는 39,000km였다. 실제의 거리에서 약 1,000km밖에 차이가 나지 않는 계산이었다. 이 계산이 옳다고 믿었던 포르투갈과 이탈리아의 왕들은 콜럼버스를 후원하지 않았다. 종래의 인도 항로가 훨씬 가깝기 때문에 굳이 멀리 서쪽으로 돌아서 가야 할 필요를 느끼지 않았다. 쓸데없이 돈을 더 많이 써가면서까지 새로운 항로를 개척할 필요가 없었던 셈이다.

콜럼버스가 만일 신대륙에 도착하지 않았다면 그는 아마도 유럽으로 돌아갔거나 아니면 인도에 도착하기 전에 굶어 죽었을지도 모른다.

34

한니발이 정말로 식초와 불로 바위를 깼을까?

BC 218년 가을 카르타고의 한니발은 6만 명이 넘는 대군대를 이끌고 알프스를 넘었다. 한니발의 군대는 알프스를 넘은 최초의 군대였다. 이탈리아는 바다만 지키면 될 것으로 생각했다. 이를 잘 아는 한니발은 바다가 아니라 육로를 택했다. 알프스는 험한 산맥인 데다가 가을에 넘기는 더욱 어려웠다.

한니발이 이끄는 군대는 알프스를 넘으면서 힘으로는 도저히 움직일 수 없는 커다란 바위를 뚫고 지나가야 했다. 이때 한니발의 카르타고 군대가 사용한 것이 식초와 불이었다. 바위 위에 통나무를 놓고 불을 붙여 달군 뒤에 식초를 부었다. 석회암인 이 바위들은 조각조각 부서져 한니발의 군대는 힘들지 않게 이탈리아까지 진격할 수 있었다.

그러나 사실은 굉장히 힘든 행군이었다. 알프스를 넘었을 때 한니발의 군대도 손실이 매우 컸다. 40마리의 코끼리 가운데 1마리만이 살아남았고, 병사는 2만6천 명만이 살아남았다. 스물아홉 살의 한니발은 알프스를 넘는 동안 병사의 절반 이상을 잃었다. 하지만 한니발은 단 하루의 전투에서 5만 명의 로마 군사를 죽였다고 한다.

제 6 장

놀라운 발명과 비밀 속으로!
과학 잡학

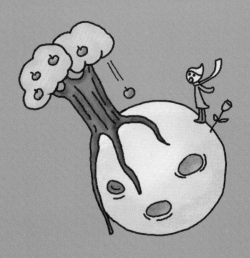

01

지구 나이는 어떻게
알 수 있을까?

지구는 45억 년 전에 탄생했다. 인간이 지구상에 나타난 것은 겨우 몇백만 년 전이다. 그렇다면 인간은 지구의 나이를 어떻게 알 수 있을까?

방사성 동위원소는 상당히 불안정한 원자구조를 갖고 있어서 보다 안정된 구조로 변하려는 성질을 갖고 있다. 시간이 지남에 따라 방사성 동위원소는 스스로 붕괴하여 전혀 다른 물질로 변하고 만다. 방사성 동위원소의 절반이 다른 물질로 변하는 기간을 반감기라고 한다. 예를 들어 우라늄(U)238은 시간이 지나면서 납(Pb)206으로 변한다. 우라늄(U)238의 절반이 납(Pb)206으로 변하는 반감기는 45억 년이라는 사실이 밝혀졌다.

이를 이용하여 오랜 암석 속에 포함되어 있는 우라늄(U)238과 납(PB)206의 비율을 조사하면 그 암석의 나이를 알 수 있다. 지구가 막 생겼을 무렵에 지층 깊은 곳에서 굳어진 암석의 나이를 측정한 결과 지구 나이는 45억 년임을 알게 되었다.

02

아라비아숫자는 아라비아 사람이 발명했을까?

세계에서 가장 많이 쓰이는 숫자는 아라비아숫자이다. 아라비아인이 발명했다고 알려진 아라비아숫자는 사실 고대 인도의 학자들이 만들었다.

아라비아숫자라고 이름이 붙게 된 것은 유럽 사람이 아랍 사람들에게 이 숫자를 배웠기 때문이다. 고대 유럽에서는 문화수준이 높은 아랍으로 많은 사람들이 유학을 떠났다. 당시의 유학생들이 이 숫자를 유럽에 전달하여 아라비아로부터 온 숫자로 알려져 그렇게 불리게 되었다.

아라비아숫자의 위대함은 숫자의 위치가 갖는 자리값이 있기 때문이다. 맨 오른쪽부터, 1, 10, 100 이런 식으로 자리값이 매겨져 있기 때문에 어마어마하게 큰 수도 간단히 표현할 수 있게 되었다.

03

시계바늘은 왜 오른쪽으로만 돌까?

트랙을 도는 모든 경기(육상, 스케이트 등)는 항상 시계 반대방향으로 돈다. 고스톱과 카드게임도 시계 반대방향으로 돌면서 즐긴다. 그런데 시계 바늘은 왜 오른쪽으로만 돌까? 그 이유는 시계가 북반구에서 발명되었기 때문이다.

오천 년 전 고대 이집트에서는 해시계를 이용해 시간을 쟀다. 이집트는 북반구에 위치했기 때문에 당연히 해가 동쪽에서 떠서 남쪽을 돌아 서쪽으로 진다. 해시계의 막대 그림자도 당연히 오른쪽으로 돈다.

14세기경 시계를 처음 만든 사람이 해시계처럼 시계바늘을 오른쪽으로 돌게 만들었다. 남반구에서는 해가 왼쪽으로 돌기 때문에 만약 시계가 적도 아래에 있는 라틴 아메리카나 아프리카에서 먼저 만들어졌다면 지금과는 반대방향으로 도는 시계가 되었을지도 모른다.

04

하루는 24시간인데, 왜 시계 눈금은 12시간밖에 없는 걸까?

하루가 24시간으로 정해진 것은 기원전 140년경이다. 이후 현재에 이르기까지 대부분의 나라에서는 이 24시간제를 택하고 있다. 하루가 24시간인데, 시계의 눈금은 왜 절반인 12시간일까? 세계 최초의 시계로 알려져 있는 이집트의 해시계가 해가 떠 있는 낮 12시간만 계산되었기 때문이다.

우주에서는 오물을
어떻게 버릴까?

미국 나사NASA가 펴낸 〈우주선 탑승 핸드북〉에는 우주선 내부의 화장실 변기의 구조에 대한 설명이 있다. 배설물의 처리는 수세식이 아닌 기세식氣洗式으로 되어 있다. 즉 기체로 세척하는 방식이다. 변기에 앉아서 제일 먼저 해야 할 일은 벨트로 몸을 고정시키는 작업이다. 아니면 몸이 둥둥 뜨고 말기 때문이다. 그 다음 스위치를 누르면 변기 내부의 커터가 회전하는데 떨어지는 변은 이 커터에 의해 매우 잘게 분해되면서 벽에 달라붙어 말라버린다. 이 분뇨가루는 별도의 탱크에 저장되었다가 우주선 밖의 우주 공간에 버려진다.

현재는 이를 다시 소독해서 재활용하는 연구가 진행중이다. NASA의 지원금을 받아 신설된 고도 생명유지 시스템연구소는 분뇨를 이용한 식량생산이나 음료수 제조를 연구하고 있다. 배설물은 박테리아에 의해 분해되며 그때 발생하는 열은 발전으로, 분비물은 비료로 사용할 수 있다. 소변은 동결시켜 고형물固形物을 제거한 후 음료로도 이용할 수 있다고 한다.

물론 우주선 밖에서 활동할 때는 우주복에 소변용 주머니가 붙어 있다.

우주비행사들의 배설을 최대한 억제하기 위하여 우주식宇宙食은 섬유질이 적은 음식으로 공급된다.

우주조종사 글렌은 우주에서 너무나 반짝이는 작은 다이아몬드 덩어리들을 보며 "뷰티풀"을 연발하며 탄성을 질렀다. 나중에 알려진 그것의 정체는 바로 자신의 소변이었다. 우주 밖으로 버려진 소변은 진공 상태에서 급랭하면서 작은 얼음 결정체가 되어 아름답게 우주에서 반짝이고 있었다.

06
산소가 없는 우주에서 태양은 무엇으로 타오를까?

지구에서는 무엇인가 태우기 위해서는 산소가 필요하다. 산소가 없으면 태울 수가 없게 된다. 우주에는 이 산소가 없다. 산소가 없는 우주에서 태양은 어떻게 타오르고 있을까?

태양은 산소에 의해 타는 것이 아니다. 핵융합반응에 의해 거대한 에너지를 방출하고 있을 뿐이다. 태양 자체는 수소가스 덩어리와 같은 것으로, 수소의 원자핵은 서로가 부딪쳐 중수소를 만든다. 이 중수소가 서로 부딪쳐 헬륨원자핵이 된다. 이 화학반응을 반복하는 동안 상상할 수 없을 만큼 무시무시한 에너지가 발생한다.

07

피타고라스의 정리는 피타고라스보다 1000년 전에 이미 있었다는데 사실일까?

피타고라스의 정리란 직각삼각형에서 직각을 낀 두 변의 길이의 제곱의 합은 빗변의 길이의 제곱과 같다. 과학사를 연구하는 독일의 오토 노이게바우어Otto Neugebauer는 바빌로니아 문서를 해독하여 그곳 사람들이 피타고라스보다 1000년 전에 피타고라스의 정리를 알고 있었음을 발견해 냈다.

피타고라스는 페르시아가 그리스를 침공했을 때 포로가 되어 바빌론으로 끌려가 그곳에서 12년을 살았던 적이 있다.

08

피타고라스학파는 왜 히파수스를 죽였을까?

피타고라스의 제자였던 히파수스가 하루는 피타고라스에게 물었다.

"직각삼각형에서 직각을 낀 두 변의 길이의 제곱의 합은 빗변의 길이의 제곱과 같다면 두 변의 길이가 각각 1인 직각삼각형의 빗변의 길이는 어떻게 됩니까?"

질문은 논리적이고 합당한 것이었지만, 피타고라스학파는 히파수스를 우물에 빠뜨려 죽이고, 그 이야기를 일체 입에 올리지 말라는 명령을 내렸다. 왜 그랬을까?

피타고라스학파 사람들은 정수와 정수의 비율로 만물을 표현할 수 있다고 믿었다. 두 변의 길이가 1인 직각 삼각형의 빗변의 길이는 무리수인 2의 제곱근($\sqrt{\ }$)이다. 히파수스의 질문은 피타고라스 정리를 유리수만으로는 표현할 수 없다는 사실을 증명한 셈이었기 때문에 피타고라스학파에 정면으로 도전한 것이었다. 이들은 자신들의 신념을 부정하고 무리수의 존재를 외부에 유출시킨 죄를 물어 히파수스를 처단했다.

09
피타고라스학파는 일종의 종교집단이었다는데 사실일까?

피타고라스의 정식 학생이 되기 위해서는 전 재산을 맡겨야만 했다. 그들은 간소한 생활, 엄격한 교리, 극기, 절제, 순결, 순종의 미덕 증진을 목적으로 단체 행동을 하며 종교집단화되어 갔다.

피타고라스 교단은 이탈리아 남부지방을 중심으로 활동하면서 점차 정치 세력으로 변했고, 각 방면에서 영향력을 행사하기 시작하면서 결국 정치적 반대파로부터 불의의 공격을 받게 되었다. 피타고라스당의 사람들은 반대파의 공격을 사전에 알고 있었다. 그들은 부녀자들을 배에 태워 시실리 방면으로 피난시키고 피타고라스를 호위하면서 메소포타미아 쪽으로 도망쳤으나 반대파의 추격은 집요하기만 했다. 이러한 고난을 겪는 사이 따르는 문하생은 하나 둘씩 떨어져나가고 피타고라스는 결국 체포되어 살해되고 말았다.

10

어째서 달의 반대편은 보이지 않는 것일까?

밤하늘의 달을 보면 달의 모양은 항상 똑같다. 달의 자전주기와 달이 지구의 둘레를 도는 공전주기가 일치하기 때문이다. 약 10억 년 전, 달의 자전주기와 지구를 도는 공전주기가 일치하게 되어 그 이후 달은 같은 면을 향한 채로 지구의 주위를 돌고 있다.

달이 지구의 둘레를 도는 것은 달과 지구 사이에 서로 끌어당기는 힘, 즉 인력이 작용하기 때문이다. 달이 지구를 돌고 있을 때도 공전 궤도로부터 벗어나려는 원심력이 작용하고 있다. 이 인력과 원심력이 균형을 이루고 있기 때문에 달은 지구의 주위를 돌게 된다.

달이 지구를 향한 면이 인력에 의해 잡아당겨지고 있지만, 반대편에는 원심력이 작용하고 있다. 공전주기가 자전주기보다 빠르면 이 힘이 브레이크가 되고 늦으면 공전주기를 더 빠르게 할 것이다. 이렇게 하여 달의 공전주기와 자전주기는 일치하고 달은 지구에 늘 한쪽 면만 보이게 된다.

11

지구의 오존층은 대체 무슨 역할을 할까?

산소분자 두 개가 결합된 것을 우리는 산소라고 한다. 산소분자 3개가 결합된 것이 오존이다. 오존은 자외선을 흡수한 산소가 분해되어 생기는 물질로 지상에서 10내지 50킬로미터의 상공에 약 5킬로미터의 두꺼운 층을 이루고 있다. 오존은 얇은 막으로 되어 있어 지구를 에워싸고 태양의 유해한 자외선을 흡수한다. 만일 오존층이 없다면 우리는 태양의 자외선을 직접 받게 된다. 오존층이 파괴되는 것을 전 지구가 두려워하는 이유는 유해한 자외선이 지구생물에게 피부암을 일으키거나 식물의 발육에 악영향을 주어 식량생산에 차질이 생길 것이라는 우려 때문이다.

남극의 대기권에 있는 오존층이 파괴되어 구멍이 생겼다고 세계가 놀라 그 대책을 논의하여 의정서를 체결한 것도 지구생물 전체의 문제이기 때문이다.

오존층에 구멍을 내는 원인으로 밝혀진 것은 프레온 가스이다. 프레온 가스는 전세계적으로 사용이 금지되었다. 프레온은 냉장고 등의 냉매와 분사되는 스프레이제품에 광범위하게 쓰였던 것이다. 프레온 가스에는 염소가 들어 있다. 프레온 가스 역시 산소와 같이 매우 높은 고도에서는 자외선에 분해되어 염소분자를 방출한다. 이 염소분자가 오존을 산소로 되돌려 버리기 때문에 오존층의 오존이 급격히 감소하게 된다.

한편 프레온 가스가 실제로 오존층을 파괴하는 데 그리 큰 역할을 하지 않는다는 주장도 있다. 프레온 가스가 오존층 파괴의 주범으로 낙인이 찍힌 것은 미국의 듀퐁사가 대체 냉매를 개발했는데, 값싼 프레온 가스 때문에 판매에 지장을 받을까 염려한 때문이라는 설이 있다.

12

순금을
왜 24K라고 부를까?

일반적으로 금은 금의 순도에 따라 14K, 18K, 24K 등으로 분류하는데, 순도 99.99%의 순금을 24K라고 한다.

순금이 24K가 된 것은 중동지역에서 나는 식물의 한 종류인 캐럽에서 유래되었다. 세례자 요한이 광야에서 이것으로 요기를 했다고 해서 '요한의 빵'이라 불리는 캐럽은 말리면 보통 어른의 손 하나에 24개가 잡힌다고 한다. 이곳 사람들은 이를 금이나 소금 등 작고 가벼운 물건을 교환할 때 기준으로 삼았다.

순금은 장신구용으로는 그리 단단치 못하고 무르다는 단점이 있어 다른 금속들과 섞어 사용하는데 이때 합금에서 금의 비율을 캐럽의 머리글자인 K로 나타낸다. 18K는 24분의 18, 즉 75%가 금이고 14K는 24분의 14인 58.3%가 금이라는 뜻이다.

<table>
<tr><td>

13

갈릴레오가 피사의 사탑에서 낙하실험을 했다는 것은 사실일까?

</td><td>

갈릴레오 갈릴레이는 1590년 피사의 사탑에서 낙하실험을 했다고 한다. 무게가 다른 두 개의 공을 탑의 위에서 떨어뜨려 두 개의 공이 동시에 지면에 떨어지

</td></tr>
</table>

는 것을 확인했다. 그래서 '무게에 따라서 물체의 낙하속도가 달라진다'라고 하는 아리스토텔레스의 정설을 뒤집었다고 알려져 있다.

갈릴레오가 피사의 사탑에서 실험을 한 것은 사실이 아니다.

갈릴레오 스스로도 피사의 사탑에서 낙하실험했다는 이야기를 어느 글에서도 쓴 적이 없다.

이 낙하실험의 이야기를 처음 쓴 사람은 비비아니라고 한다. 그가 『갈릴레오 전기』를 쓰면서 갈릴레오가 피사에서 교사를 하고 있었다는 사실을 기초로 하여 낙하실험을 극적으로 표현하기 위해 꾸며낸 말이다. 피사의 사탑에서 실험한 이야기를 비비아니가 쓴 것은 낙하실험이 있은 지 60년 이상이 지난 뒤였다.

14
수은은 금속인데 어떻게 액체 상태로 존재할까?

대부분의 금속 원소들은 모두 고체상태로 존재한다. 수은이 액체 상태로 존재하는 까닭은 수은의 원자 결합 구조가 약하기 때문이다. 원자와 원자의 결합은 원자 내부에 있는 전자의 구조에 따라 결정된다. 전자는 원자핵을 중심으로 동심원의 궤도를 그리며 회전운동을 한다. 원자핵의 가장 가까운 궤도부터 차례대로 전자가 채워지는데 각 궤도에는 정해진 수의 전자만 들어갈 수 있다.

수은의 전자구조를 보면 원자핵의 가장 바깥쪽 궤도가 꽉 차 있다. 그러므로 전자를 내줄 수는 있어도 전자궤도를 더 이상 만들지 못하기 때문에 전자가 하나도 들어 있지 않은 에너지만 높은 빈 궤도로 결합할 수밖에 없다. 따라서 수소 원자는 그 결합의 세기가 약할 수밖에 없다. 원자의 결합 강도가 약하다는 말은 그 밀도가 낮다는 뜻이다. 밀도가 낮은 수은은 일정한 모양을 만들기가 어렵기 때문에 액체로 존재하는 것이다.

15
아문센은 개 때문에 남극탐험에 성공했다는 게 무슨 말일까?

1911년 아문센과 스코트의 탐험대가 남극점을 향했다. 세계는 둘 중 누가 먼저 남극점에 도착할까 주목하고 있었다. 결과는 아문센의 승리로 그는 스코트보다 1개월 빨리 남극점에 도착했다.

아문센이 세계 최초로 남극점에 도달할 수 있었던 것은 그가 개를 데리고 갔기 때문이다. 아문센의 탐험대는 추위에 강한 알래스카의 개를 이용했다. 그들은 식료품과 장비를 개가 끄는 썰매에 실었다. 알래스카의 개는 바다표범의 고기를 먹고 얼음 위에서 잠을 잘 수 있었다.

스코트 탐험대가 실패한 이유는 말을 데리고 갔기 때문이었다. 말은 추위에 약하고 초식동물이어서 말들을 먹일 풀까지 실어가야만 했다.

결국 남극점에 도달하기 전에 스코트 탐험대의 말들은 모두 얼어 죽고 말았다. 스코트 탐험대는 결국 사람의 힘으로 짐을 옮겨야만 했다. 스코트는 아문센이 남극점에 도착한 지 1개월 후에 남극

점에 도달할 수 있었다. 그러나 스코트는 돌아가는 길에 눈보라를 만나서 얼어 죽고 말았다.

16
철가방 속에서는 휴대전화가 안 터진다는 것이 사실일까?

전파는 나무나 플라스틱을 통과할 수 있지만 금속은 통과하지 못한다. 금속이 전파를 반사시키기 때문이다. 휴대전화뿐만 아니라 TV, 라디오 등도 전파를 받을 수 없어 철 상자 안에서는 볼 수가 없다. 만일 당신이 철로 된 가방을 들고 다닌다면 휴대전화를 가방 속에 두어서는 절대로 걸려오는 전화를 받을 수 없다. 전화벨이 결코 울리지 않을 테니 말이다.

엘리베이터 안에서 휴대전화가 걸리지 않는다면 그 엘리베이터는 안테나 설치가 되어 있지 않고 벽과 바닥, 천장이 모두 금속으로 둘러싸여 있을 것이다. 지하철이나 자동차 안에서 휴대전화를 사용할 수 있는 것은 차량이 모두 금속으로 되어 있지만, 유리창이 많아 전파가 창을 통해 드나들 수 있기 때문이다.

17

전구를 발명한 사람은 누구일까?

만일 전구가 발명되지 않았다면 우리의 밤은 칠흑 같은 암흑 속에서 매우 불편할 것이다.

불을 밝히는 전구의 발명가는 토마스 에디슨으로 알려져 있다. 전구는 1879년에 에디슨에 의해 세상에 나온 것으로 알려져 있지만, 사실은 그로부터 71년 전에 발명되었다.

『발열등 연대기』를 보면 최초로 백열등(전구)을 고안해 낸 인물은 영국의 햄프리 데비라고 한다. 그가 발명한 것은 아크arc등으로 탄소봉의 전극에서 눈이 부실 정도의 빛을 발했는데, 이것이 최초의 전구이다.

하지만 아크등은 너무 밝다는 결함이 있었다. 촛불 4000개에 해당하는 강력한 밝기를 가진 아크등은 너무 밝아서 가정용으로는 전혀 적합하지 않았다. 데비의 발명을 계기로 백열등에 도전한 과학자는 에디슨에 이르기까지 무려 24명이나 있었다. 전구의 개발이 행해진 국가만 해도 영국, 미국, 프랑스, 러시아, 캐나다 등 5개국이나 되었다.

그렇다면 전구가 에디슨에 의해 발명되었다고 알려진 이유는 무엇일까? 다른 발명가들은 그 원리는 생각해 냈지만, 실용화하지는 못했다. 반대로 에디슨은 전기를 만들어 내는 발전기, 그 전기를 분배 송전하는 방법, 과過전류를 방지하는 퓨즈 등을 만들어 내고 그 전기를 사용하는 방법으로 전구를 생각했다.

한마디로 발명에서 가장 중요한 포인트는 실용화라는 것을 보여주는 사례이다.

<table>
<tr><td>

18

제임스 와트가 주전자의
끓는 물을 보고 증기기관을
발명했다는 것은 사실일까?

</td><td>

거짓말이다. 와트가 태어나기도 전에 증기기관이 이미 있었기 때문이다. 1712년 영국의 뉴커먼이 증기기관을 발명했을 때는 와트가 태어나기 24년 전이었다.

</td></tr>
</table>

와트 이전의 증기기관은 실린더 안에서 증기를 데우고 식히는 것이었다. 와트는 실린더 안을 언제나 뜨겁게 하여 만들어진 증기를 다른 곳으로 옮겨 다시 물로 만들어 계속 사용할 수 있도록 개선했을 뿐이었다. 하지만 와트의 이 업적은 에너지를 훨씬 효율적으로 쓸 수 있게 해주었기 때문에 증기기관이 폭발적으로 많이 쓰이게 되는 계기가 되었다.

와트가 처음으로 증기기관에 대해 관심을 가진 것은 그가 27세 때의 일이다. 글래스고대학의 모형 증기기관이 고장나서 와트에게 수리해 줄 것을 요청한 때였다.

19

알렉산더 벨은 전화를 발명한 사람일까?

알렉산더 그레이엄 벨은 전화를 발명하지 않았다. 멀리서 말을 주고받을 수 있는 기구인 전화를 개발한 것은 독일 태생의 필립 레이스이다.

1876년에 벨은 전화에 관한 특허를 냈을 뿐이다.

20

가로등은 누가 언제 어떻게 켤까?

가로등 안에는 빛의 밝기를 감지하는 센서가 있다. 이 센서는 가로등 주변의 밝음과 어둠을 감지하여 가로등 전원을 껐다 켰다 하기 때문에 불이 켜지고, 꺼지는 것이다. 센서는 황화카드뮴이나 실리콘과 같은 감광물질로 만들어져 있다. 감광물질이란 빛의 밝기에 따라 원자의 성질이 달라지는 물질을 말한다. 이 물질에 어느 밝기 이상의 햇빛이 닿으면 전자를 한 원자에서 다음 원자로 이동시킨다.

새벽이 되어 빛이 점점 밝아지고 센서 속의 감광물질에 어느 밝기 이상의 햇빛이 비추어지면, 전류가 차단회로로 흐르게 되고 가로등의 전원은 차단되어 밤새도록 길을 환하게 밝혀주던 가로등은 그 임무를 마치고 조용히 꺼지게 된다.

반대로 저녁이 되어 점점 어두워지면 이 센서 속의 감광물질들이 활성을 잃어 차단회로의 전류가 끊어지고, 가로등에 전원이 공급되어 가로등이 켜진다.

21
에디슨은 전기의자를 왜 만들었을까?

발명왕 에디슨은 전기회사를 운영하면서 경쟁자인 조지 웨스팅하우스를 망하게 하기 위해 전기의자를 발명했다.

에디슨은 직류발전기를 사용하고 있었는데 웨스팅하우스의 교류발전기가 전압이 높아서 위험하다고 선전하고 그 위험성을 입증하기 위해 전기의자를 발명했다. 에디슨은 대중 앞에서 공개적으로 전기의자에 개나 고양이를 앉혀 죽이는 실험을 했다.

1887년 뉴욕 주의회에서 마침 교수형을 대신할 사형수의 처형방법을 찾고 있었다. 에디슨은 웨스팅하우스를 물리칠 절호의 기회로 여기고 교류전기를 이용한 처형방법을 권했다. 처음의 실험에서 개와 고양이 50마리가 넘게 전기의자에서 죽었다. 뉴욕주 담당관들이 "작은 동물이 죽는다고 해서 사람이 죽을 수 있을까?"라는 의문을 제기하자 에디슨은 말과 소를 실험했다.

1890년 8월 6일 최초로 전기의자에서 사형이 집행된 사람은 윌리엄 캐틀러였다. 이후 미국은 전기로 사형을 집행하고 있다.

에디슨은 웨스팅하우스의 교류전기가 치명적이라는 주장을 입증했지만, 현재 대부분의 전기는 에디슨의 직류전기가 아니라 교류로 공급되고 있다.

22

에디슨은 왜 한쪽 귀가 멀게 되었을까?

에디슨은 12살 때부터 열차 안에서 신문을 팔았다고 한다. 열차 안에서 일하다가도 구석에 만들어 놓은 실험실에서 여러 가지 실험을 하곤 했다. 어느 날 열차가 기울어서 황산이 들어 있는 병이 선반에서 떨어지면서 폭발하는 사고가 일어났다. 놀라서 달려온 차장은 에디슨을 몇 차례 때렸는데 그때 귀를 잘못 맞아 고막이 터져서 그의 귀는 들리지 않게 되었다. 이 이야기는 에디슨의 전기에 꼭 등장하는데, 그만큼 열성적

으로 발명에 매달리는 에디슨을 잘 표현해 주고 있기 때문이다. 그러나 나중에 에디슨 자신이 말한 것에 따르면 사실과 다르다.

어느 날 에디슨은 열차 출발시간에 늦었다. 양손에 신문을 들고 열차에 올라가려고 했는데 그만 에디슨의 몸이 열차 밖으로 떨어질 지경이 되었다. 그것을 본 차장이 에디슨을 붙잡았는데, 하필이면 차장이 잡은 것이 에디슨의 귀였다. 에디슨은 귀를 잡혀서 간신히 기차 안으로 올라올 수는 있었지만 그때 고막이 터져서 청력을 잃게 되었다.

23
인간의 조상은 언제부터 지구에 살기 시작했을까?

인류의 조상은 약 500만 년 전 동아프리카에서 탄생했다고 알려져 있었다. 그러나 2002년에 아프리카 중부의 차드 공화국에서 화석이 발견되면서 그 정설은 더이상 사실이 아닌 것으로 밝혀졌다. 두개골, 턱뼈 2개, 치아 3개가 발견된 이 화석은 유인원이라 불리는 인류 선조의 것과 매우 흡사하다. 같은 지층에서 하마나 코끼리의 화석도 발견되었는데, 이 화석은 약 700만 년 전의 것으로 추정된다. 사하라 사막 남부의 명칭 사헤르에서 따온 이 화석의 이름은 사헤란트로프스 차딘시스이다. 사헤란트로프스 차딘시스의 화석은 골격 등의 분석을 통해 침팬지와 인간의 공통 선조에 가장 가까운 유인원으로 밝혀졌다.

인류의 조상을 찾아내기는 하늘의 별따기만큼 어려운 일이다. 지금의 인간이 진화를 거듭하여 생긴 동물이라면 그 진화의 순서대로 증거가 발견되어야 하는데, 사실은 그렇지 못하기 때문이다. 인류고고학자들은 발견되지 않는 증거를 '잃어버린 고리'라고 부른다. 잃어버린 고리가 다 찾아져야 인류의 진화 계통을 확실히 밝힐 수 있게 될 것이다.

24

냉동인간은 과연 다시 살아날 수 있을까?

현대의학으로 고칠 수 없는 불치병에 걸린 경우 냉동된 상태로 있다가 의학기술이 발전하여 그 병을 고칠 수 있을 때 해동을 한 후 병을 치료하겠다는 아이디어에서 비롯된 냉동인간은 과연 미래에 다시 살아날 수 있을까?

숨이 멎었다 하더라도 세포가 살아 있다면 다시 소생할 수 있다는 이론이 냉동인간의 근거이다.

냉동인간이 되는 순서는 먼저 마취를 한 후 몸 전체의 온도를 떨어뜨려 세포가 괴사하는 것을 막고 혈액을 인공적으로 교체한 후 세포막이 터지는 것을 방지하기 위해 특수용액을 몸 속에 넣어 순환시키고 질소를 뿌려 냉동처리한다. 그 다음 특수 제작한 내부 용기에 넣고 저장 탱크에 보관한다. 이렇게 처리된 냉동인간은 이론적으로 생체시간이 멈추어 세포가 노화하지 않은 그대로 보존된

다. 냉동인간을 만드는 목적은 의학이 발달한 미래에 다시 병을 치료하거나 생명을 연장시키려는 생각 때문이다.

최초의 냉동인간은 신장암으로 시한부 인생을 살던 미국의 심리학자 베드퍼드였다. 그는 1967년 73세의 나이로 미래에 암 치료법이 나올 때까지 영하 196℃의 질소탱크 속에 들어가기를 스스로 자원했다.

미국에서는 애리조나주의 냉동인간 회사인 알코어 등 네 곳에서 100여 구의 냉동인간을 보관하고 있다. 기타 선진국에서도 실험중이다. 1년 보관비용은 1억 이상으로 비싸지만 많은 불치병 환자들이 자원하고 있다고 한다.

냉동인간이 다시 살아날 수 있는가에 대해서는 현재는 물론 미래에도 불가능할 것이라는 견해와 미래에는 가능할 것이라는 두 가지 견해가 팽팽하게 대립하고 있다.

먼저 미래에도 불가능할 것이라는 견해를 살펴보겠다.

파리는 냉동 후 다시 해동하는 실험에서 살아났다. 작은 생물체는 순간냉동과 순간해동이 가능하기 때문이다.

인간의 경우는 부피가 크기 때문에 순식간(몇 초)에 몸 전체를 냉동하는 것이 불가능하기 때문에 냉동인간은 불가능하다. 그 근거 중 하나는 우리 몸의 70%가 물이라는 사실이다. 순간냉동이 가능하다고 해도 물이 얼면 부피가 커지기 때문에 우리 몸의 세포들은 순식간에 형태가 변질될 수 있어 해동 후에도 정상적인 모양을 되찾기는 어렵다고 한다.

미래에는 냉동인간이 가능할 것으로 보는 견해는 어떨까?

인체의 냉동보존은 신장 등 일부 기관의 경우 냉동한 뒤에 다시 정상 온도로 되돌리면 기능이 회복되므로 이론적으로 냉동인간은 가능하다고 한다. 문제는 뇌의 기능을 정상적으로 돌릴 수 있느냐는 부분이다. 특히 기억력을 다시 살려내는 일이 가장 풀기 어려운 숙제라고 한다. 뇌 연구가 발전하면 기억과 관련된 뇌의 구조가 밝혀지고 기억 기능이 작용하는 매커니즘을 알게 될 것이므로 기억력을 회복시킬 가능성은 있다. 냉동보존 기간에 뇌세포에 생긴 손상을 복구하는 기술이 없기 때문에 대부분의 저온생물학자들은 냉동인간의 소생에 회의적이지만, 일부에서는 나노기술로 뇌세포의 손상이 복구될 것을 기대하고 있다. 냉동인간의 소생을 믿는 전문가들은 2045년경에는 냉동인간이 소생할 수 있을 것으로 전망하고 있다.

25
제너는 종두법을 처음으로 개발한 사람일까?

천연두를 예방하는 방법인 종두를 처음 시작한 사람이 제너라는 사실은 교과서에도 나와 있을 만큼 기정사실로 알려져 있다.

하지만 역사적 사실은 다르다. 제너는 1798년 종두에 관한 논문을 발표했는데, 영국정부로부터 이 논문을 승인받았고 이 사실이 유명해졌던 것이다. 제너

이전에 종두 실험에 성공한 의사는 여럿 있었다. 영국의 의사 돈은 1771년부터 종두 실험을 계속해서 자료를 모았다. 같은 영국의 케네디라는 의사도 종두 실험을 보고했다.

제너 역시 '우두에 걸린 사람은 천연두에 감염되지 않는다'는 오래 전부터 전해져오는 이야기를 믿고 연구를 시작했다. 제너의 업적은 뛰어난 논문을 발표하여 종두법의 대중화에 앞장선 것으로 종두 자체는 그의 오리지널 연구는 아니다.

26
의사의 가운은 흰색인데, 수술복은 왜 푸른색일까?

의사들은 하얀 가운을 입고 있지만 수술실에 들어가면 푸른색의 수술복을 입는다. 흰색보다 푸른색이 더 차분해지고 눈의 피로도 덜하기 때문이다. 게다가 수술복이 푸른색인 데는 더욱 중요한 이유가 있다.

의사들은 핏덩이인 빨간 내장기관들을 장시간 쳐다보며 수술을 하게 된다. 눈을 돌려 다른 곳을 보게 되면 빨간색의 잔상이 남아 있게 되고 눈의 보색작용으로 흰색이 청록색으로 보이게 된다. 이렇게 되면 수술이 잘못될 수도 있기 때문에 푸른 수술복이 사용되고 있다.

27
플레밍 이전에는 페니실린이 없었을까?

알렉산더 플레밍은 페니실린을 발견하여 노벨상을 받았다. 그는 오랜 연구와 실험을 진행하는 동안 번번이 실패하기만 했다. 그러던 중에 실수로 푸른곰팡이를 접시에 떨어뜨렸는데, 나중에 보니 곰팡이 근처의 세균들이 모두 죽어 있었다고 한다. 이렇게 우연히 발견한 푸른곰팡이 페니실린은 수많은 사람들의 생명을 구하는 고마운 항생제가 되었다.

하지만 유럽에서는 옛날부터 상처가 나면 곰팡이가 핀 식빵을 환부에 덮어 덧나지 않게 하는 민간요법을 쓰고 있었다. 썩은 식빵의 곰팡이는 바로 푸른곰팡이인 페니실린이었다.

28
아인슈타인은 정말 공부를 못했을까?

아인슈타인은 공부를 잘 못하는 낙제생이었다는 이야기는 잘못된 말이다. 아인슈타인은 체육이나 다른 과목에는 전혀 흥미를 보이지 않았지만, 수학과 물리와 같은 이과 과목에서는 누구보다 뛰어난 성적을 올리는 학생이었다고 한다.

<table>
<tr><td>

29

아인슈타인이 노벨상을 받은 것은 상대성이론 때문이었을까?

</td><td>

아인슈타인의 상대성이론은 오늘날의 천체물리학의 근본이다. 그러나 아인슈타인이 1921년 노벨상을 받은 것은 상대성이론의 업적 때문이 아니라 광전자 효과

</td></tr>
</table>

를 발견한 업적을 인정받았기 때문이다. 우리가 실생활에서 사용하는 자동으로 열리고 닫히는 자동문은 아인슈타인의 광전자 효과를 이용해 만들었다.

<table>
<tr><td>

30

우주에서 가장 오래 산 사람은 누구일까?

</td><td>

러시아의 우주정거장인 미르(러시아 말로 '평화'를 뜻함)는 2001년 3월 23일 태평양에 떨어뜨려 폐기될 때까지 지구궤도를 8만 8000여 회 돌고 36억km를 날았

</td></tr>
</table>

으며, 12개국 우주인 104명이 이곳에서 1만 6500여 건의 과학실험을 했다.

러시아의 우주비행사 발레리 폴랴코프Valeri Polyakov는 1995년 미르에서 438일 연속체류 기록을 세웠고, 세르게이 아브데예프 Sergei Avdeyev는 3회에 걸쳐 2년 이상 우주에 머물렀다.

31

최초로 계산기를 만든 사람은 누구일까?

'사람은 생각하는 갈대이다'라는 말을 한 것으로 유명한 프랑스의 철학자 파스칼은 수학자이기도 했다.

1642~1644년 파스칼은 최초로 기계식 계산기를 만들었는데, 그것으로는 덧셈과 뺄셈만 할 수 있었다. 파스칼은 아버지(1639년에 루앙 시 행정관으로 임명되었음)의 세금 계산을 도우려고 계산기(파스칼 계산기)를 발명했다고 한다.

32

물과 기름은 정말 섞이지 않을까?

현대 기술을 사용하면 물과 기름을 섞는 일은 어렵지 않다. 초음파를 사용하면 물과 기름은 완전히 섞인다. 1초에 수만 번 이상 진동하는 초음파를 물통의 바닥에서 일으키면 물은 굉장한 기세로 진동한다. 이 때 기름을 넣으면 물과 기름은 분자레벨까지 세밀하게 분쇄되어 하나의 액체가 된다. 이는 이론적으로만 가능한 것이 아니라 실제로 이용되는 것이다. 안경 세척에 사용하는 초음파세척기는 이 원리를 응용한 것이다. 시계나 카메라의 세밀한 부품의 기름때를 없앨 때도 이와 같은 방법을 사용하고 있다.

제 7 장

신비한 우리 몸속으로!
인체 잡학

인간은 피부색이
왜 서로 다를까?

인간의 피부는 흰색, 검은색, 황색 등 여러 종류의 색을 띠며 인종을 가르는 기준이 된다. 인류가 아프리카에서 이브라는 20만 년 전한 여성에게서 태어났다는 '이브가설'을 믿는다면 인류는 피부색이 모두 같아야 할 텐데 어째서 서로 다를까?

피부색은 일조량과 크게 관계가 있다고 한다. 인간은 생활하고 있는 장소에 맞추어 서서히 피부색을 조절하게 되었다. 햇볕이 강한 곳에서는 멜라닌색소가 늘어나 피부색이 검게 변하여 햇볕의 흡수를 적게 받는다. 햇볕이 적은 곳에서는 반대로 피부색이 하얗게 되어 햇볕을 많이 흡수하게 되었다는 이야기이다. 실제로 아프리카나 적도지방을 떠난 흑인들은 몇 세대 지나지 않아 피부색이 많이 옅어진다고 한다.

피는 왜 붉은색일까?

피는 혈관을 타고 몸 전체에 고르게 산소를 운반한다. 피는 액체이고 산소는 기체이다. 공기는 물에 녹지 않는데, 어떻게 피는 산소를 운반한다는 것일까? 바로 여기에 피가 붉은색을 띠게 된 비밀이 숨겨져 있다.

혈액 속에 있는 적혈구에는 헤모글로빈이라는 물질이 함유되어 있다. 헤모글로빈은 산소와 결합하기 쉬운 헴hem과 단백질 글로빈globin이 결합한 물질이다. 헴은 철로 합성되는 데 헤모글로빈 속의 철이 산소와 결합하기 쉽기 때문에 산소를 운반할 수 있는 것이다. 철은 산소와 닿으면 녹이 슨다. 철이 녹스는 것은 철이 산화되었기 때문이다. 그것을 산화철이라고 한다. 혈액의 붉은색은 철이 산화철, 즉 녹이 슨 상태가 되기 때문에 붉은색을 띤다. 쇠못이 녹이 슬면 빨갛게 되는 것과 마찬가지이다. 산화된 철은 신체 곳곳에 산소가 필요한 세포에 도달하면 다시 산소로 환원된다. 산소는 세포에 공급되고 철분은 다시 피를 타고 돌아나온다.

철분이 산소에 닿으면 피처럼 빨~개져요!

체내에는 약 4그

램의 철이 있고 그 중 3그램은 헤모글로빈에 포함되어 있다. 빈혈 방지를 위해서는 철분을 섭취해야 하는 것도 이 때문이다. 빈혈은 헤모글로빈이 충분히 작용하지 못하여 전신에 산소가 잘 도달하지 않는 상태일 때 일어나는 병이다. 예전에 철분제가 별로 없던 시절에는 빈혈이 있는 사람에게 녹슨 쇠못을 끓여 그 물을 먹이기도 했다.

03
혈액형은 어째서 'ABC'가 아니고 'ABO'일까?

순서를 매길 때, 1, 2, 3, 4의 숫자나 가, 나, 다, 라 혹은 A, B, C, D로 쓰는 것이 보통이다. 모두가 알고 있는 순서이기 때문이다. 그런데 혈액형은 왜 A, B, C의 순서가 아닌 O가 쓰였을까?

그 이유에 관해서는 다음과 같은 설이 있다.

혈액형이 처음 발견되었을 때의 분류법은 A형, B형, C형(0, 즉 제로형이라는 설도 있음)이었다. 곧 AB형도 발견되어 1927년에 국제연맹의 전문위원회에서 이 네 혈액형을 쓰기로 결의했다. 그런데 이때 여러 학자들이 필기하거나 서류를 인쇄하는 중에 C형(0형)으로 썼는데 이것이 O형으로 읽히는 바람에 착오가 일어났다. 이리하여 C형은 어느 사이에 O형이 되었다고 한다.

04

생각만 하는 데도 에너지가 필요하다는 게 사실일까?

뇌는 무게로 따지면 전체 몸무게의 약 2%에 지나지 않는다. 그렇지만 뇌가 소비하는 에너지는 사람이 소비하는 에너지의 약 20%나 된다. 성인 남성의 경우, 하루에 뇌가 소비하는 에너지는 500킬로칼로리 정도이다. 어째서 뇌는 이렇게 많은 에너지를 소비하는 것일까?

인간은 끊임없이 무언가를 생각하고 느끼고 기억하고 학습하고 판단한다. 이 모든 지적 활동은 생명이 끝날 때까지 멈추지 않는다. 인간의 지적 활동을 관리하는 뇌세포가 활동하기 위해서는 그만큼 많은 에너지가 쓰이게 되는 셈이다.

뇌의 에너지가 되는 것은 포도당이다. 포도당은 식물에서 체내로 흡수되면 혈액의 흐름을 타고 뇌로 공급된다. 이 혈액에 함유된 포도당이 혈당인데 건강한 사람이라면 그 수치가 항상 일정(혈액 1데시리터에 100밀리그램 정도)하다.

뇌에는 포도당을 축적해 둘 곳이 없기 때문에 혈당치가 낮아지거나 혈관이 막혀 뇌로 혈액이 흐르지 못하면 바로 에너지가 결핍되어 뇌세포가 죽어 버리게 된다. 밥 굶고 살 빼다가 뇌세포 죽이는 일이 생길 수도 있다는 말씀.

05

뇌의 신경신호는 얼마나 빠를까?

신경세포는 뇌에 신체 각 부분의 자극을 전달하고 뇌의 명령을 하달하는 일을 한다. 신경이 신호를 전달하는 속도는 놀라울 정도로 빠르다.

1966년의 실험에 따르면 가장 빠른 신경신호의 속력은 시속 288km였다고 한다. 노인이 되면 신경신호의 전달 속도는 시속 240km로 느려진다. 노인이 되면 모든 행동이 느려지는 것도 이 때문이다.

06

사람의 몸에서 산소를 가장 많이 쓰는 곳은 어디일까?

마라톤 선수들은 폐활량이 매우 크다. 그만큼 산소를 많이 받아들인다. 허파는 공기를 빨아들여 신체 곳곳에 산소를 공급한다. 허파를 통해 몸 속에 들어온 산소는 혈관을 통해 곳곳에 공급되는데 그 산소가 가장 많이 쓰이는 곳은 뇌이다. 우리 몸의 각 부분에는 모두 산소가 필요하지만 뇌는 산소가 부족하게 되면 즉시 기능이 마비되고 만다. 산소공급이 중단되면 뇌세포가 죽게 되는데 약 8분 내에 목숨까지 잃게 된다.

같은 공포영화를 보고도
사람에 따라 공포를 느끼는
정도가 다른 이유는 뭘까?

공포를 느끼는 정도가 다른 가장 큰 이유는 각자의 뇌 안에 들어 있는 정보량이 다르기 때문이다. 사람은 살아오면서 체득한 경험이 달라 똑같은 사물을 보더라도 느끼고 생각하는 것이 다를 수밖에 없다. 어린시절 개를 기르면서 즐거운 추억을 많이 가진 아이가 어른이 되었다면, 그는 공포영화에 개가 등장할 때 큰 공포감을 느끼지 않는다. 어릴 때부터 가지고 있던 개에 대한 기억이 매우 좋기 때문이다. 반면에 어린시절 사나운 사냥개에게 물린 기억을 가지고 있는 사람에게 개는 공포의 대상으로 기억되고 있어 앞의 사람보다 더 많은 공포감을 느끼게 되는 것은 당연하지 않을까?

사실 공포는 시각적인 자극보다는 청각적인 자극에 훨씬 더 크

게 느껴진다고 한다. 시각적인 것은 눈에 보이는 것이므로 상상하지 않아도 공포에 대한 피상적인 모습을 바로 느낄 수 있지만, 알 수 없는 이상한 소리를 듣게 되면 지금까지 자신의 정보 속에 있던 무서운 것들의 소리와 가장 유사한 것을 찾기 위해 이것저것을 생각하게 된다. 여러 가지의 추상적인 공포를 느끼게 되므로 청각적인 공포감이 더 크다고 할 수 있다.

08

머리가 좋아지는 음식이 정말로 있을까?

뇌의 활동을 활발하게 하는 음식은 특정 식품이 아니라 탄수화물, 단백질, 지방, 비타민 등의 이른바 4대 영양소를 균형 있게 함유한 식품이다. 콩이나 콩으로 만든 식품, 깨, 해조류, 야채, 버섯류 등이 뇌에 좋은 음식이다. 이들 재료를 제철에, 특히 산지에서 수확한 싱싱한 것을 선택하여 먹어 보라.

뇌의 중량은 체중의 2퍼센트에 불과하지만 활동에 필요한 에너지는 전체의 20퍼센트나 된다. 때문에 먹는 것을 게을리하면 뇌의 활동이 둔해질 수 있다. 먹는 것 자체도 뇌의 활동이다. 턱의 운동 정보, 씹는 행위 등이 뇌를 자극하기 때문이다. 또한 음식을 먹음으로써 미각을 비롯한 청각, 촉각, 후각, 시각이 자극을 받아 뇌 전체가 자극을 받게 된다.

바쁘다는 이유로 식사를 잘 하지 않고 영양보조제에 의존하면 씹는 행위를 생략하게 된다. 고대사회의 인간은 한 끼당 3990회 정도 씹었던 것에 비해 현대인은 620회 정도를 씹는다고 한다.

09
맥박이 수명을 결정한다는데 맞는 말일까?

동물의 수명은 심박수와 관련이 있다는 설이 있다. 심박수는 일반적으로 몸의 크기가 작을수록 빠르고 클수록 느리다. 쥐의 1분간 심박수는 약 600회, 반면 코끼리는 20회이다. 수명 면에서 보면 쥐는 약 2년이지만 코끼리는 약 70년이다. 심박수가 빠르면 그만큼 빨리 죽는다는 말이다. 인간의 심박수가 1분에 70~80회로 코끼리의 약 4배나 빠른데도 70년 이상 살 수 있는 것은 야생 상태가 아니기 때문이라고 한다. 석기시대의 인간은 30세까지 살았을 것으로 추측되고 있다.

10
태아는 어떻게 물속에서 숨을 쉴까?

어머니 뱃속에서 태아는 양수 속에 있다. 뱃속은 양수로 가득 차 있기 때문에 태아는 호흡을 할 수가 없다. 태아가 양수 속에서 익사하지 않는 이유는 무엇일까?

혈액은 산소를 운반하는 역할을 한다. 혈액은 산소를 받아들이고 온몸으로 운반한다. 태아는 탯줄로 어머니와 연결되어 있다. 결국 어머니의 다른 내장기관처럼 태아는 탯줄을 통하여 어머니 혈액으로부터 산소를 공급받게 된다.

심장은 우심실, 우심방, 좌심실, 좌심방의 4개의 방으로 나뉘어 있다. 어른의 경우, 심장의 우심실에서 나온 혈액이 폐를 경유하여 좌심방으로 들어가 좌심실에서 전신으로 보내진다.

그러나 태아의 폐는 움직이지 않는다. 태아의 혈액은 우심실에서 폐로 흐르지 않고 우심방과 좌심방 사이의 비어 있는 타원형 구멍으로 직접 좌심방으로 흐른다. 출산과 동시에 그 구멍은 막히고 우심실로부터 폐로 혈액이 들어감으로써 아기의 폐가 움직이기 시작하면서 아기는 자기 힘으로 호흡을 시작하게 된다.

11

아기는 세상에 태어날 때 왜 울까?

모든 아기는 태어나면서 운다. 아기가 울지 않으면 의사는 아기의 엉덩이를 때려서라도 울리게 되는데, 울음은 아기가 호흡을 시작하는 신호라고 알려져 있기 때문이다. 그냥 숨을 쉬면 될 것을 아기는 도대체 왜 우는 걸까? 이렇게 우는 이유에 관해서는 다음의 설이 유력하다.

태내에 있을 때의 아기는 항상 엄마의 심장소리를 듣고 있었다.

이 소리는 마음을 편하게 하는 자장가 역할을 한다. 이 세상에 태어난 순간 갑자기 이 자장가가 들리지 않게 된다. 10개월이나 익숙해진 친근한 소리가 들리지 않는다는 사실은 아기에게 환경이 바뀌는 엄청난 충격이다. 이 충격에서 오는 슬픔의 소리가 태어나면서 우는 울음이라고 할 수 있다.

이 설은 실험에 의해서도 뒷받침되었는데, 아기가 태어나기 전에 임부의 배에 마이크를 투입하여 자궁에 울려 퍼지는 엄마의 심음心音을 녹음해 두었다가 큰소리로 울부짖는 아기에게 들려주면, 즉시 울음을 그치던지 잠을 잔다고 한다.

12

샴쌍둥이는 왜 생길까?

샴쌍둥이는 신체 일부가 붙어 있는 쌍둥이를 말한다. 주로 머리, 가슴과 배, 등, 엉덩이 등이 붙어 있는 경우가 많다. 하나의 수정란이 일란성 쌍생아가 되기 위해 분리되다가 무슨 일인지 그 원인을 알 수는 없지만 중간에 분리가

멈추면서 신체 일부가 결합
된 상태로 태어나는 쌍둥
이(의학적으로는 '융합
쌍생아Conjoin-ed twin'라
고 한다)를 샴쌍둥이라
고 한다.

10만 명의 하나 꼴로 발생하
는 샴쌍둥이는 75~95%가 태어나면서 바로 죽는다. 설사 살아서
태어나더라도 얼마 안 돼 사망하기 때문에 실제로 살 수 있는 비율
은 매우 적다.

최초의 샴쌍둥이로 알려진 사람들은 지금의 태국인 샴에서 1811
년 태어난 쳉Cheng과 잉Eng 형제이다. 이들은 가슴과 배가 붙어 있
었다. 자라면서 쳉과 잉은 붙어 있는 신체조직이 점차 늘어나 둘이
서 나란히 설 수 있었다고 한다. 이들은 결혼을 하여 아이도 낳고
살다가 샴쌍둥이로서는 드물게 60살이 넘도록 장수했다.

13

아기를 재울 때 등을 두드려주면 왜 잘 잘까?

태아는 엄마 뱃속에서 엄
마의 심장박동을 느끼며 열
달을 보낸다. 아기를 재울
때 등을 두드려주면 아기는
엄마의 심장 박동을 느끼는
것처럼 좀더 편안하고 안정

적인 기분을 느낀다. 아기에게는 너무나 익숙한 엄마 뱃속에 있는 듯한 느낌을 받는다는 말이다. 엄마의 심장박동에 정확히 맞춰 등을 두드려주면 그 효과는 더욱 좋아진다. 아기가 정신적인 흥분상태에 있을 때에도 등을 두드려주면 흥분을 가라앉히는 데 도움이 된다.

14
사람은 아이를 몇 명까지 낳을 수 있을까?

지금까지 학계에 보고된 출산의 최고 기록은 69명이다. 러시아 농부의 아내가 가진 기록으로 이 여자는 1725년부터 1765년경까지 4쌍둥이를 4회, 3쌍둥이를 7회, 2쌍둥이를 16회나 낳았으며 그 출산횟수는 무려 27회나 된다. 지금까지 역사상 한 사람의 여자가 가장 많이 출산한 기록이다. 그러므로 여성의 최대 출산 가능 횟수는 27회, 아이의 수는 69명이라고 할 수 있다.

15
여자는 생리 전보다 생리 후에 더 예뻐진다는 게 사실일까?

여성의 바이오리듬을 관리하고 있는 것은 여성 호르몬이다. 여성 호르몬인 에스트로겐(난포호르몬)과 프로게스테론(황체호르몬)은 여

여배우 J모양 파파라치 사진

'그날' 전   '그날' 후

성이 첫 생리를 하는 10대 초부터 왕성하게 분비되기 시작하는데, 28~30일 주기로 분비를 반복한다.

호르몬의 분비가 정상일 때는 월경 전에 프로게스테론이 상승하고 월경 후는 에스트로겐이 상승한다. 피로나 스트레스 등으로 인해 이 리듬이 깨지면 초조해지거나 우울증과 같은 정신적 불안, 어깨 결림, 요통 등의 육체적인 부조화를 유발하기도 한다.

월경 전은 프로게스테론의 상승기로 이 때는 평상시보다 체온이 올라가기 때문에 얼굴의 유지油脂 분비도 활발해져 여드름이나 피부 트러블이 생기기 쉽다.

한편, 월경이 끝나갈 때부터 분비가 많아지는 에스트로겐은 피부의 수분이나 탄력을 유지하는 작용을 하므로 피부의 상태가 한 달 중 가장 좋다.

16

생리할 때 두통은
왜 생길까?

생리를 전후하여 두통에 시달리는 여성이 많다. 생리통은 복통과 요통만 유발하는 것이 아니다. 생리 전에는 여성 호르몬의 양이 급격하게 변화하기 때문에 두통이 생길 수 있다. 이 때의 두통은 편두통이다. 편두통이 발생하는 원인은 동맥을 수축시키는 세로토닌이라는 물질이 결핍되어 혈관이 확장되면서 주위의 신경을 압박하기 때문이다.

세로토닌과 여성 호르몬의 인과관계는 잘 알려져 있지 않다. 뇌 속의 세로토닌 수용체 옆에 여성 호르몬 수용체의 약 70퍼센트가 분포하고 있는 것을 보면 모종의 관계가 있는 것으로 추정된다.

편두통은 혈관의 확장이 원인이 되어 발생하므로 머리를 차게 하고 혈관을 수축시키는 커피를 마시는 것이 좋다. 편두통이 너무 심해 진통제를 복용해도 통증이 가라앉지 않을 경우에는 병원에 가는 것이 좋다. 그럴 경우 일반적으로 병원에서는 세로토닌 조절약(트리프탄이나 에르고타민제제 등)을 처방해 준다.

17

생리 전에 술을 마시는 여성은 알코올중독이 되기 쉽다는 게 사실일까?

최근 주부들 사이에도 알코올중독자가 증가하고 있다. 여성의 알코올중독의 원인으로 지적되는 것은 대개 불안과 불만과 같은 심리적인 이유이지만, 생리적으로도 여성은 알코올의존증이 되기 쉽다.

여성 호르몬이 다량 분비되는 월경 전에 술을 탐하는 젊은 여성이 많은데, 이 무렵에는 술을 적게 마셔도 빨리 취하게 된다. 이 음주패턴을 반복하는 사이에 알코올의존증이 되는 경우가 많다.

그 다음으로 여성이 알코올의존증이 되기 쉬운 때가 폐경기이다. 이 시기에는 음주를 억제하고 있던 여성호르몬의 제어가 없어지기 때문에 갑자기 얼마든지 술을 마실 수 있게 된다고 한다.

18

나이가 들면 왜 아침 일찍 잠이 깰까?

나이가 들면 누구나 일찍 일어나게 된다. 이것은 인간의 수면과 관계가 있다.

인간은 수면 중에 얕은 잠인 렘수면과 깊은 잠인 논렘수면을 반복한다. 건강한 사람은 하룻밤에 4~5회 정도 반복하게 되는데, 렘수면이 전체의 약 20퍼센트 정도를 차지한다.

고령자가 되면 수면패턴이 흐트러져 얕은 잠인 렘수면이 증가하고 논렘수면이 차츰 감소하게 된다. 그 때문에 얕은 잠 시간대가 길어져 작은 소리나 아침 기척에 민감하게 반응하여 쉽게 잠에서 깨어난다.

19

나이가 들면 어제 일보다 오래 전 일이 더 또렷하게 생각나는 이유가 뭘까?

노인들은 반세기 이전의 일을 마치 어제 일인 양 얘기하면서도 오늘 낮에 무엇을 먹었는지는 정확히 기억하지 못하는 경우가 종종 있다.

인간의 기억력에는 옛날 일을 기억하는 '보유력保有力'과 새로운 일을 기억하는 '기명력記名力', 필요한 기억만을 끄집어내는 '상기력想起力' 이렇게 세 가지가 있다. 젊은 시절에는 이 세 가지가 모두 활발하게 작용하지만, 나

이가 들면 보유력은 그대로지만 다른 두 가지는 노화한다. 이것이, 노인이 옛일은 선명하게 기억해도 최근의 일은 바로 잊게 되는 이유이다.

20 '오감' 중에서 어떤 감각이 가장 오래 갈까?

시각, 청각, 후각, 미각, 촉각의 오감각도 노화한다. 이 중에서 가장 빨리 감퇴하는 것은 시각이다. 시각은 10살 전후가 전성기로 그 이후 쇠퇴하기 시작한다. 다음으로 감퇴가 빠른 것은 청각으로 15세부터 감퇴하기 시작한다. 음악공부를 하려면 어린 시절부터 하는 것이 그만큼 좋다는 말이다. 20세를 정점으로 후각이 쇠퇴하고 29세에 미각이 감퇴하기 시작한다. 촉각은 마지막까지 남아 60세가 되어도 민감하다.

21 왜 여자가 남자보다 장수할까?

대개 여자가 남자보다 5년 정도 더 오래 산다. 그 이유 가운데 자주 거론되는 것은 출산이지만 과학적으로 보자면 다음의 두 설이 유력하다.

하나는 남성의 생식기관에서 분비되는 남성호르몬에 체내시계를 빨리 가게 하는 유전자가 있기 때문이라는 설이다.

다른 하나는 산소독설이다. 인간은 산소가 없으면 살 수 없지만, 산소를 연소할 때 '활성산소'라는 독성을 지닌 산소가 체내에 남게 된다. 남성호르몬은 여성호르몬에 비해 대사를 활발히 한다. 즉, 남성이 여성보다 많은 산소를 연소하고 있기 때문에 활성산소가 많이 생겨, 이것이 남성의 수명을 단축시킨다는 설이다.

두 가지 이유 모두 남성의 수명을 단축하는 것이 남자를 남자답게 하는 남성호르몬 때문인 것으로 보고 있다.

22
왼손잡이가 오른손잡이보다 왜 수명이 짧을까?

골프연습장, 전화 다이얼 버튼, 글씨 쓰는 순서를 포함해서 세상은 모름지기 오른손잡이에게 유리하게 되어 있다. 이로 인해 왼손잡이는 수명이 짧다는 설이 있다.

미국 캘리포니아주립대학의 헐펀 박사는 글을 쓰고 볼을 던지는 등 생활의 전부를 오른손으로 행하는 사람을 오른손잡이, 그 이외의 경우를 왼손잡이로 구분하여 평균수명을 조사했다. 연구 결과는 매우 흥미롭게도 양쪽의 평균수명이 많이 차이가 났다고 한다.

오른손잡이 그룹의 평균수명은 75세인데 비해 왼손잡이 그룹은 66세였다. 헐펀 박사는 왼손잡이의 평균수명이 짧은 이유로 세상이 오른손잡이에게 유리하게 되어 있기 때문이라고 보았다. 오른손잡이에게 유리한 사회 환경은 당연히 왼손잡이에게는 불편할 수밖에 없다. 그 스트레스로 왼손잡이는 수명이 단축된다고 한다.

23 왜 어두워야 잠이 잘 올까?

잠을 잘 때 인체는 멜라토닌이라는 호르몬의 분비가 촉진된다. 멜라토닌 호르몬은 빛의 양에 의해서 조절되는데 밝을 때보다는 어두울 때 더욱 많이 분비된다. 어두워지면 멜라토닌 호르몬의 분비가 촉진되고 호르몬의 영향으로 잠이 더 잘 온다. 수면 장애가 있는 사람들에게는 멜라토닌 호르몬제를 처방하기도 한다.

24 긍정적인 사고는 면역기능에 정말 효과가 있을까?

사막에서 길을 잃은 사람들의 반응은 둘로 크게 나뉜다. 물병의 물이 절반이 되었을 때 아직 반이 남았다고 생각하며 삶에 대한 의욕을 불태우는 사람과 이제 절반밖에 없다고 생각하며 좌절하는 사람이 있다.

최근의 연구들을 통해 긍정적 사고가 몸의 면역기능을 높여준다는 것이 과학적으로 입증되고 있다. 면역의 주역은 림프구이다.

림프구에는 장수와 관계가 있는 NK Natural Killer 세포라고 불리는 것이 있다. 이 NK세포는 적어도 50억 개, 사람에 따라서는 5000억 개나 존재하는데 매일 3000개 정도 발생하는 암세포를 찾아내서 파괴하는 일을 한다. NK세포의 활동이 활발하면 암이 발생하거나 몸의 상태를 악화시키는 경우가 그만큼 줄어든다. NK세포는 활동적이고 자유로운 생활을 할 때 활성화된다는 특징을 가지고 있다.

긍정적 사고뿐만 아니라 웃음도 효과가 있다. 코미디 영화를 보면서 3시간 동안 마음껏 웃은 사람들의 영화관람 전후 NK세포를 조사했더니 19명 중 13명의 NK세포의 활성이 3~4배나 높아졌다고 한다.

25

긴장하면
왜 식은땀이 흐를까?

땀에는 더울 때 체온을 일정하게 유지하기 위해 뇌의 명령에 따라 나오는 '온열성 발한'과 긴장하거나 감동했을 때와 같이 정신적인 작용에 의해 나오는 '정신성 발한'이 있다.

온열성 발한은 얼굴과 목, 등에 많이 생긴다. 정신성 발한은 대뇌피질, 특히 전두엽에 존재하는 중추에 의해 발한 명령이 내려진다. 전두엽이 발달한 인간은 가장 많이 식은땀을 흘리는 동물이다.

정신적 발한은 '손에 땀을 쥔다'는 표현처럼 손바닥과 발바닥, 겨드랑이 아래 등에 땀이 난다. 온열성 땀과 달리, 체열 방출이 목적이 아니므로 온열성 땀만큼 많은 땀을 흘리지 않고 식은땀을 흘리는 정도이다.

'거짓말탐지기'는 바로 이 식은땀을 이용한 기계이다. 거짓말탐지기는 정신성 발한이 손바닥에 나타남에 따라 일어나는 전기저항의 변화를 측정한 기록을 통해 피실험자의 긴장 정도를 살피는 장치이다.

26

울음은 건강에 좋을까?

조사에 따르면 여성은 1개월에 평균 5.3회 우는 것에 비해 남성은 1.4회 정도 운다고 한다.

사람은 눈물을 흘리며 울음으로써 격한 감정을 해방시키고 스트레스를 해소하는 카타르시스 효과를 얻을 수 있다. 이런 심리적인 이유말고도 울음이 몸에 좋은 이유가 있다. 눈물을 통해 체내의 유해한 독소물질이 빠져나가기 때문이다. 여성보다 남성의 수명이 짧은 이유 중 하나는 '울지 않는다'가 아니라 '울어서는 안 된다'는 강박관념이 있기 때문이라고 한다.

건강을 위해서 때로는 대성통곡을 해보는 것도 좋다고 생각된다. '눈물은 의사를 필요 없게 한다'는 말도 있다.

27

처음 온 곳인데 낯설지 않은 이유는 무엇일까?

이런 현상을 정신병리학에서는 '기시체험'이라고 한다. 뇌의 피로가 원인으로, 의식 저변에 숨어 있는 유아기 때 체험한 광경이 떠올라 실제로 보고 있는 풍경과 겹쳐지면서 나타나는 현상이다. 피로가 축적되기 쉬운 상황, 예를 들어 여행지 등에서 경험하는 경우가 많다. 그 대상으로는 풍경, 상점의 구조, 다리 등 여러 가지가 있다.

28

육감이란 무엇을 말하는 것일까?

인간에게는 시각, 청각, 미각, 후각 그리고 촉각을 합하여 오감이라고 한다. 육감은 이 오감각 외에 있다는 6번째의 감각을 말한다. 이것은 오감의 역할을 뛰어넘어 사물의 본질을 직접 느끼는 감각이라 일컫는다. 오감을 합친 종합적인 능력이라고도 한다. 오감을 예리하게 단련함으로써 얻을 수 있는 플러스알파(+α) 능력일지도 모른다.

29

꿈을 전혀 꾸지 않는 사람도 있을까?

꿈을 전혀 꾸지 않는다는 사람이 가끔 있다. 그러나 이는 꿈을 꾸지 않는 게 아니라 꾸었던 꿈을 잊어버렸을 뿐이다.

미국의 학자 크레이튼에 따르면 수면 중인 인간은 1시간 30분에서 2시간 주기로 꿈을 꾸며, 하룻밤에 꿈을 꾸는 시간은 평균 82분이라고 한다. 사람이 자는 동안 뇌파의 변화를 검사해 보면 수면 중에도 깨어 있을 때와 비슷한 뇌파가 주기적으로 15분 정도씩 나타난다. 자고 있는 사람을 보고 있으면 잠깐 안구가 움직이는 경우가 있는데, 이 때가 바로 그 뇌파가 나타날 때이다. 이 상태를 '가수면 상태'라고 한다. 근육의 긴장이 저하되거나 심장의 움직임이나 호흡이 빨라지기도 한다. 이런 가수면 상태일 때 꿈을 꾸고 있는 것으로 추정된다.

30

놀라면 정말 비타민C가 줄어들까?

만일 횡단보도에서 건너가도 좋다는 푸른 신호가 들어왔을 때 길을 건너다가 갑자기 달려드는 자동차에 치일 뻔했다면 빨리 레몬을 한 입 베어 먹는 것이 좋다. 그 이유는 분노에 불타는 순간, 체내의 비타민C가 500밀리그램이나 소실되기 때문이다.

보통 작은 스트레스에도 체내의 비타민C는 상당량이 소비된다고 한다. 즉 성인의 1일 비타민C 소요량은 100밀리그램이므로 튀어나온 자동차에 놀란 것만으로 5일분의 비타민C가 소비되는 셈이다.

스트레스의 종류는 불안, 분노, 긴장과 같은 정신적인 것 외에도 소음, 과로, 추위와 더위, 수면부족 등 다양하다. 스트레스를 받으면 체내에는 스트레스에 대항하기 위한 호르몬이 부신으로부터 분비된다. 그 항스트레스호르몬의 생성에 비타민C가 쓰인다. 평상시에 스트레스를 대비해 부신에 비타민C가 저장되어 있지만 스트레스를 많이 받으면 비타민C가 소비되어 부족하게 된다. 그 결과 스트레스에 대한 저항력이 약해지고 감기에 걸리는 등 몸의 정상적인 상태가 깨지기 쉽다.

현대는 스트레스 속에서 사는 것과 다름없다. 신선한 야채나 과일, 보조식품 등으로 비타민C를 보충하여 스트레스를 이겨내는 밝은 마음과 몸을 유지하는 것이 좋다.

31

자동차사고가 일어났을 때 술 취한 사람이 덜 다치는 이유는 뭘까?

술 취한 사람은 주변 상황에 대한 인지도가 떨어진다. 술을 먹지 않은 정상인의 경우, 사고를 당하면 사고 상황을 인지하고 본능적으로 근육이 긴장하게 되면서 어떻게든 몸을 보호하기 위해 자기도 모르게 움직인다. 근육의 긴장과 좁은 차 안에서의 움직임은 오히려 근육을 더 다치게 할 수 있다. 신체가 차량 내부에 부딪힐 경우 관절 부위에 더 큰 무리를 주어 뼈가 골절되기도 쉽다. 하지만 술에 취한 사람은 사고인지 능력이 떨어지기 때문에 설사 사고 상황을 인지한다고 해도 빠르게 자신을 보호하기 위한 본능적인 행동을 취하는 데 당연히 그 반응이 늦어질 수밖에 없다. 술 취한 사람은 근육이 이완된 상태로 부딪히게 되어 경직된 근육이 부딪힐 때보다 더 작은 부상을 입게 된다.

마찬가지로 어른과 아이가 함께 계단에서 굴러 떨어졌을 경우 어린아이보다는 어른이 더 큰 부상을 입는다. 계단에서 굴러 떨어질 경우 어른들은 상황을 인지하고서 사고를 막으려고 몸을 움직이게 되고 몸에 힘이 들어가게 되어, 근육이 계단에 부딪힐 경우 더 크게 다친다. 하지만 한 번도 계단에서 굴러 떨어져 보지 않은 아이는 계단에서 굴러도 몸이 경직되지 않으므로 어른보다 덜 다치게 되는 경우가 많다. 하지만 아주 어린아이들은 몸이 어른보다 훨씬 연약하기 때문에 어른보다 더 위험할 수 있다.

32

왜 부끄러움을 탈 때 얼굴이 빨개질까?

사람의 혈관은 주위의 환경이나 상황에 따라 스스로 늘어나고 오므라든다. 자율신경은 주위의 환경과 상황에 따라 의지와 관계없이 움직인다. 추우면 혈관이 수축하고, 더우면 혈관이 확장되는 것 또한 자율신경의 작용이다.

부끄러운 일을 당했을 때는 얼굴이나 목의 피부 아래 모세혈관이 확장되면서 평소보다 많은 피가 흘러 보통 때보다 얼굴이 더 빨개진다. 많은 혈관에서 열을 내기 때문에 얼굴이 화끈거리게 되는 현상이다. 이와 반대로 놀랐을 때는 혈관이 수축되어 피가 적게 흐르게 되므로 얼굴이 파래진다.

야한 장면을 보았을 경우에도 얼굴이 붉어지는데, 모세혈관이 확장되어서가 아니라 뇌에서 분비하는 화학물질의 영향 때문이다.

노르아드레날린의 분비가 많아지면 얼굴이 잘 붉어진다. 대뇌 생리 현상으로 볼 때 지극히 정상인데, 뇌의 기분을 신체가 잘 나타내고 있음을 보여주는 예이다. 야한 것을 보아도 얼굴이 붉어지지 않는 사람은 얼굴이 잘 붉어지는 사람들보다 야한 것에 어느 정도 면역이 생겨 노르아드레날린의 분비가 적기 때문이다. 이것은 모두 자율신경의 작용이기 때문에 마음대로 조절할 수 없다.

33

머리와 얼굴의 경계는 어디일까?

해부학적으로는 두개골의 골격을 기준으로 머리와 얼굴을 나눈다. 머리와 얼굴을 구분하는 선은 코가 시작되는 부근에서 눈썹을 통하여 귓구멍에 달하는 곡선이다. 보통 머리카락이 나 있는 부분을 얼굴과 구별하여 머리라 부르는데, 그렇게 할 경우 머리카락이 빠져 이마가 벗겨지면 머리와 얼굴의 경계가 애매해진다. 이마는 전두부前頭部라 하여 머리에 포함된다.

<table>
<tr><td>

34

아침에 일어났을 때 얼굴이 붓는 경우가 많은데 왜 그럴까?

</td><td>

대부분의 여성은 잠에서 막 깬 얼굴을 보이기 싫어한다. 화장 안 한 맨 얼굴이기도 하지만, 대개는 얼굴이 부어 있기 때문이다. 자고 일어난 얼굴은 왜 부어 있을

</td></tr>
</table>

까?

인간의 세포에는 항상 동맥을 통해 수분이 운반된다. 남은 수분은 정맥이 회수하므로 세포 내의 수분은 언제나 일정하게 유지되

는데, 장시간 같은 자세로 있으면 세포 내에 수분이 쌓이게 된다. 이것이 부종이다. 잠자는 동안에는 몸이 장시간 누워 있기 때문에 세포에 수분이 쌓이기 쉽다. 그 중에서도 얼굴은 더욱 수분이 쌓이기 쉽다. 얼굴의 부종을 가라앉히려면 서둘러 침대에서 나와 걷는다거나 집안일을 하며 서서 움직이는 것이 가장 좋은 방법이다.

35
'작은 얼굴'과 열대지방은 관계가 있을까?

최근 젊은 여성들이 '작은 얼굴'을 만들기 위해 고통을 감수하고 턱뼈를 깎는 수술을 받는 경우가 적지 않다.

인간의 몸은 살고 있는 장소의 기후에 맞춰 변한다. 추운 기후에서는 체온을 비축하기 위해 대형화되고, 더운 기후 아래에서는 체온을 발산하기 쉽게 하기 위해 소형화되기 쉽다. 북유럽인의 몸집이 특별히 큰 것도 이 때문이라고 한다. 그 중에도 머리는 기후의 영향을 가장 받기 쉽다. 뇌는 대량의 열을 발산한다. 더운 나라에서는 뇌를 열에서 보호하고자 머리가 작아진다. 즉, 작은 얼굴을 가진 사람이 많다는 뜻이다.

36

왜 남자는 대머리가 되기 쉬울까?

남성이 여성보다 대머리가 되기 쉽다. 여성호르몬에는 모발의 성장을 촉진하는 작용이 있는데 남성호르몬은 모발의 성장을 억제하는 작용을 하기 때문이다.

뒷머리냐 앞이마냐에 따라 남성호르몬이 미치는 작용도 다르다고 한다. 남성호르몬의 영향을 가장 받기 쉬운 곳은 정수리이다. 정수리 부위에 머리카락이 빠지는 사람이 많은 것도 그 때문이다.

최근에는 여성용 발모제나 탈모 대책용 부분 가발도 잘 팔릴 만큼 탈모로 고민하는 여성들도 점차 늘고 있다. 여성의 탈모는 스트레스나 과도한 다이어트를 하다가 호르몬 밸런스가 깨지거나 염색이나 파마에 의한 두피 손상에서 오는 경우가 많다.

37

샴푸 대신 비누로 머리를 감으면 나쁠까?

비누로만 머리를 자주 감는 건 모발에 좋지 않다. 모발은 산성인데 비누는 알칼리성이 강한 편이기 때문이다. 비누로만 머리를 감으면 비누가 두피에 남아 비누막을 형성해 탈모의 원인이 될 수도 있다.

환경오염을 줄이기 위해서 샴푸나 린스 대신 비누로 머리를 감

는 사람들이 늘고 있다. 하지만 비누로 머리를 감더라도 머리를 감은 후에 식초 몇 방울을 떨어뜨린 물에 헹궈 주면 모발에 크게 해가 되지 않는다. 물에 탄 식초는 약산성이기 때문에 비누로 인해 알카리성이 된 머리를 중성으로 바꿔주어 모발을 부드럽게 만든다. 깨끗이 헹구면 식초 냄새도 나지 않는다. 알칼리성을 강하게 띠는 일반비누를 쓰지 말고 천연비누를 사용하는 것도 방법이다.

38

졸리면 왜 눈을 비비게 될까?

졸리면 혈액의 흐름이 느려지고 혈압도 내려간다. 말초모세관에서는 가벼운 울혈鬱血(정맥의 피가 막혀 충혈되는 증세) 증세가 일어난다. 눈꺼풀에도 자연히 울혈증세가 나타난다. 눈꺼풀의 피부는 매우 얇기 때문에 아주 미세한 울혈증세에도 부석부석해지며 무겁게 느껴진다. 이 울혈증세를 해소하려고 자기도 모르게 눈을 비비게 된다.

39

감동하면
왜 눈물이 날까?

눈물은 일상생활 중에도 끊이지 않고 흘러내린다. 눈물샘에서 분비된 눈물은 눈물관을 통해 코로 흘러내려가 비공을 촉촉하게 한다. 그런데 감정이 고조되면 신경이 흥분하여 눈물샘의 분비중추를 자극해서 눈물이 한꺼번에 많이 만들어진다. 많은 눈물은 가느다란 누관을 넘쳐 홍수를 이뤄 제방 역할을 하는 눈꺼풀을 넘어서 흐르게 된다.

40

눈물을 흘리면
왜 콧물이 나올까?

울다 보면 어느새 콧물이 나와 훌쩍거리게 된다. 거짓으로 우는 체하는지를 확인하려면 콧물이 나오는지 보면 알 수 있다.

눈물은 의식하지 않아도 항상 흘러나와 눈물관을 통해 눈물주머니로 흘러 코로 들어가 콧속을 적시고 있다. 하지만 눈물을 많이 흘리는 경우 그 눈물은 누관으로부터 흘러넘치고, 이른바 홍수상태가 되어 눈가를 넘어 볼을 타고 흐른다. 또한 그것으로 그치지 않고 홍수가 코로 넘어가 콧물이 된다.

눈물을 흘려야 하는 장면이나 오열로 흐느끼는 장면에서 배우가 콧물을 훌쩍거린다면 그 눈물은 진짜이다. 반대일 때는 연기일 가능성이 크다.

41
근시인 사람의 각막을 이식하면 근시가 될까?

최근에 각막기증운동이 활발하게 이루어지면서 각막을 기증하는 사람이 부쩍 늘고 있다. 각막을 기증하게 되면 기증받는 곳(예를 들어 장기기증운동본부)에 등록을 한다. 기증자가 사망했을 때 각막을 기증받은 곳에 연락을 해야 한다. 그럼 그곳에서 각막을 받아 필요로 하는 사람에게 주어 이식하게 된다.

그런데 혹시 그 각막기증자가 근시나 난시라면 어떻게 될까? 근시나 난시인 사람의 각막을 이식할 경우 이식받은 사람도 근시나 난시가 되는 것은 아닐까?

근시는 물체의 상이 망막에 맺혀야 하는데 망막 앞에 맺히기 때문에 그 초첨거리를 조절해 주는 오목렌즈를 써야 한다. 난시는 각막의 굴절면에 이상이 있어서 그 굴절도를 조절해 주는 안경을 써야 한다.

각막과는 전혀 관계가 없다. 각막이식에 필요한 것은 투명한 각막이므로 각막을 기증받는 사람은 자신의 시력으로 보게 된다. 근시나 난시가 되는 것이 아니다. 근시나 난시인 사람은 물론, 나이도 상관이 없다. 각막만 탁하지 않으면 누구라도 각막을 기증할 수 있다.

42 눈은 이식할 수 없을까?

심장이나 신장, 간 등은 이식할 수 있지만 눈은 완전히 이식할 수 없다. 단지 각막이나 망막과 같이 어느 한 부분만 이식할 수 있다. 눈은 뇌의 뒷부분에 있는 백만 개가 넘는 신경조직과 연결되어 있기 때문이다. 이 신경조직이 잘리면 재생할 수 없다.

43 넥타이를 꽉 조이면 실명할 수도 있다는 게 사실일까?

BBC뉴스 인터넷판에 따르면 넥타이를 바짝 죄어 매면 시력이 나빠지고 최악의 경우 실명할 수도 있다는 미국 과학자들의 보고가 발표되었다고 한다.

미국 〈안과 학회지〉에 발표된 내용을 보면 뉴욕 안과와 이비인

후과 연구진은 건강한 사람과 녹내장 진단을 받은 사람들로 반반
씩 구성된 40명의 남성을 대상으로 넥타이 착용 방식과 시력 간의
연관성을 조사했다. 그 결과 넥타이를 죄어 매는 습관이 있는 남성
들의 경우 안압이 크게 증가해 녹내장 발생 가능성을 증가시킨다
는 결론을 얻었다.

연구진은 조사대상자들의 안압을 측정한 뒤 '약간 불편할 정도
로 죄는' 넥타이를 3분간 착용토록 지시했으며, 그 후 다시 안압을
측정한 결과 녹내장 환자의 60%와 건강한 사람의 70%에게서 안
압이 크게 상승한 사실을 발견했다. 그러나 넥타이를 풀자 안압은
곧 정상으로 떨어졌다.

연구진은 넥타이가 머리로부터 심장으로 피를 되돌려 보내는 주
요 경정맥頸靜脈을 압박하기 때문에 이런 문제가 생기는 것으로 보
인다고 말했다.

또한 "안압이 계속 상승하면 망막에 손상을 주고 이로 인해 건강

한 사람도 녹내장 위험이 있는 것으로 오진받을 가능성이 있다"고 덧붙였다. 연구진은 "넥타이를 바짝 죄어 매는 습관을 가진 사람과 목이 굵은 사람, 화이트칼라 직장인들이 특히 위험하다"고 경고했다.

44
그 많은 콧물은 얼굴 어디에 숨어 있다가 나오는 걸까?

감기에 걸리면 쓰레기통이 넘칠 정도로 휴지로 코를 계속 풀어도 콧물이 나온다. 그 많은 콧물은 도대체 어디에 저장되어 있는 걸까?

사실 콧속에서 분비되고 있는 물은 하루에 1나 된다. 코에는 소변을 모으는 방광과 같은 콧물용 탱크가 없다. 이를 대신하고 있는 것이 콧구멍 안쪽으로 넓어지는 공간인 '비강'이다. 비강 내의 점막은 언제나 습한데, 그 수분은 콧속의 점막에 있는 비선이나 세포에서 항상 보충된다. 감기에 걸리면 이물질과 세균을 씻어내기 위해 코 부근의 세포에서 면역물질을 함유한 분비액을 계속해서 배출한다. 이것이 콧물의 정체이다.

콧물은 자주 풀어 밖으로 내보내는 것이 좋다. 그만큼 바이러스를 몸 밖으로 내보내 병의 진행을 막을 수 있기 때문이다.

45

코는 어떻게
냄새를 맡을까?

콧속의 천정 부분에 비점막이 있다. 여기에 모여 있는 세포가 자극을 받으면 그 흥분을 신경으로 전달한다. 그 신경을 타고 자극된 냄새 신호는 뇌 아래에 있는 해마

회海馬回라는 주름으로 가고 거기서 냄새를 느끼게 된다. 또한 미각 역시 혀의 신경에서 이 해마회로 전달되어 맛을 느낀다. 그래서 냄새와 맛은 밀접한 관계가 있다.

46

땀을 흘리면
감기가 빨리 나을까?

감기는 바이러스가 사멸하지 않는 한 치료되지 않는다. 땀을 많이 흘렸다고 해서 감기가 낫지는 않는다는 말이다. 그럼 왜 '땀을 많이 흘리면 감기가 쉽게 낫는

다'는 말이 나왔을까?

감기에 걸렸을 때 땀을 흘리는 상황을 생각해 보면 알 수 있다. 감기에 걸렸을 때 땀을 흘리는 경우는 주로 따뜻한 방에서 이불을 푹 덮고 있을 때이다. 즉, 땀을 흘리면 감기가 낫는 것이 아니라 충분한 휴식과 수면을 취해 체력을 보강하면서 낫는 것이다. 세상에 존재하는 수많은 감기 바이러스는 모두 퇴치할 수가 없다. 바이

러스를 몸 밖으로 내쫓기 위해서는 휴식과 수면이 최고의 약이다.

47

추우면 왜
닭살이 돋을까?

인간의 체온은 기온의 변화와 관계없이 일년 내내 거의 일정하게 유지되고 있다. 뇌의 '온열중추'에 의해 체온이 조절되고 있기 때문이다. 더울 때 땀을 흘리거나 추울 때 몸이 수축하는 것도 이 온열중추의 작용으로 인해서이다.

닭살이 돋는 것도 이 온열중추의 명령에 따라 몸이 변하는 현상이다. 인간의 몸은 추울 때 체온이 방출되는 것을 막기 위해 혈관과 피부를 수축하여 표면적을 조금이라도 적게 만든다. 이 때, 근육이 수축하는 만큼 피부가 경직되어 누워 있던 털이 일어나게 된다. 무섭거나 추울 때 모든 털이 일어서는 것은 같은 현상이다.

피부가 경직되어 털이 일어서게 되면, 모근 주변의 피부가 솟아 작은 좁쌀처럼 돋아 닭살처럼 보이게 된다.

48

얼마나 추우면 사람이
얼어 죽게 될까?

열대지방에서도 이상기온으로 추워지면서 얼어 죽은 사람들이 발생한다는 뉴스가 해외토픽으로 종종 보도된 적이 있다. 그 뉴스를 접하면서 도대체 열대지방의 추위는 어느 정도일까 궁금해진다. 이상하게도 기온이 0℃ 이하로 내려가지 않았는데도 사람이 얼어 죽었다는 것을 알게 되면 더욱 이해하기 힘들다.

사람이 얼어 죽는다는 것은 기온이 낮아 너무 춥기 때문이라고 생각하기 쉽지만 바깥 공기의 온도와 얼어 죽는 것과는 직접적인 관계가 없다. 그보다는 체온, 특히 직장온도가 낮아지면 위험해진다. 예를 들어 차가운 물에 빠지면 비교적 기온이 높아도 몸의 열을 빼앗겨 체온이 떨어지게 된다. 그리고 직장온도가 35도를 밑돌면 체온조정능력을 잃고 근육의 힘이 빠져 움직일 수 없게 되고 만다. 게다가 의식까지 몽롱해지면서 착각이 일어나기도 한다. 직장온도가 30도 이하가 되면 의식을 잃고, 더 내려가면 맥박이 흐트러지고 혈압이 급격히 떨어지면서 목숨을 잃는다. 뜨거운 여름 물속에 오래 있게 되면 몸이 추위를 타면서 덜덜 떨리는 것과 마찬가지 이치이다.

49
뜨거운 물에 들어가 있으면 왜 숨쉬기가 힘들까?

뜨거운 물에 들어가면 숨쉬기가 힘들다. 욕실의 덥고 습한 공기 때문에 호흡곤란이 온다고 생각할 수도 있지만 사실 사람의 호흡기는 덥고 습한 공기를 좋아한다.

첫째는 수압 때문이다. 숨을 들이마시기 위해서는 폐를 확장시켜 압력을 낮춰야 하는데, 목까지 물에 잠긴 상태에서는 기압보다 큰 수압 때문에 평소보다 폐를 확장하는 데 힘이 들어간다. 허리 이하로만 담갔을 때는 괜찮다가 가슴이 잠기면서 호흡이 가빠지는 것도 그 때문이다.

둘째는 수온 때문이다. 수압이 폐를 압박하는 것은 찬물이나 뜨거운 물이나 마찬가지이다. 인체는 체온을 유지하려는 속성이 있다. 이는 생명을 유지하려는 동물적 본능이다. 뜨거운 물에서는 체온이 올라가기 때문에 몸은 체온을 내리기 위해 땀을 많이 흘릴 뿐만 아니라 혈관이 확장되고 혈류가 빨라진다. 따라서 심장박동이 빨라지고 호흡도 가빠져 숨쉬기가 힘들어진다.

50
사우나에서는 왜 높은 온도에서도 화상을 입지 않을까?

100도의 뜨거운 물에 손을 넣으면 확실히 화상을 입는다. 하지만 사우나는 100도에 가까운 온도로 매우 뜨거워도 부담 없이 들어갈 수 있다. 사우나의 100도는 공기의 온도라는 데에 그 비밀이 있다.

사우나에서 화상을 입지 않는 이유는 두 가지인데 하나는 공기의 열전도율이 다르기 때문이다.

열전도율이란 문자 그대로 열의 전달 속도를 나타내는 수치이다. 물과 공기를 비교해 보면 물은 공기에 비해 열전도율이 25~26

배나 높다. 예를 들어 100도의 물에 손을 넣으면 바로 손의 표면 온도도 100도가 되어 화상을 입게 된다. 이에 비해 공기 속에서는 손이나 몸을 노출시켜도 열이 쉽게 전달되지 않기 때문에 피부 온도가 빨리 올라가지 않는다. 물은 80도 이상에서도 화상을 입지만, 공기의 경우에는 그 온도에 수백 번 노출되어도 화상을 입지 않는다.

또 다른 이유는 사우나에 들어가면 상당히 많은 양의 땀을 흘리기 때문이다. 땀은 순식간에 피부 표면에서 증발하고 그때 몸의 열을 빼앗아간다. 이것을 기화열이라고 하는데 피부 표면에 생긴 이 차가운 공기층이 사우나의 열로부터 몸을 지켜준다.

단, 목걸이와 같은 귀금속을 착용한 채로 사우나에 들어가면 귀금속의 온도가 상승하여 화상을 입을 수 있다.

51
칫솔에 물을 묻히지 않고 양치하는 게 더 좋다는 것이 사실일까?

양치질을 할 때 칫솔에 물을 묻히지 않고 치약만 묻힌 채 양치하는 게 좋다는 생각은 물리적으로나, 화학적으로 아무 근거가 없는 말이다. 하지만 심리적인 면에서 영향을 끼칠 수는 있다. 물을 묻혀서 양치를 하게 되면 물을 묻히지 않았을 때보다 거품이 많이 나게 된다.

거품이 많이 나면 양치질을 오랫동안 충분히 하지 않게 된다. 물을 묻혔어도 구석구석 오랫동안 양치하면 그 효과는 차이가 없다.

52
자일리톨이 정말로 충치예방에 효과가 있을까?

자일리톨은 설탕 대신에 단맛을 내는 대체 감미료로 개발되었다. 천연 감미료인 자일리톨은 단맛을 내면서도 청량감이 크게 느껴진다. 채소나 야채에 함유되어 있는 자일리톨은 인체 내에서도 만들어진다. 포도당 대사의 중간물질로 생성되기 때문이다. 상업적으로 이용되는 자일리톨은 자작나무나 떡갈나무 등에서 얻어지는 자일란, 헤미셀룰로즈 등을 주원료로 하여 생산되는데 그 주산지는 임산 자원이 풍부한 핀란드이다.

자일리톨은 대표적인 충치유발균인 뮤탄스균S. Mutans의 성장을 억제하고 치아 표면의 세균막인 프라그(치면세균막) 형성을 감소시키며 프라그 내에서 산이 생성되는 것을 막으므로써 충치 예방 기능을 한다. 게다가 고농도의 자일리톨 용액은 치아에서 법랑(에나멜)질이 이탈되는 것을 방지할 뿐만 아니라 이미

이탈된 에나멜질이 재침착하도록 한다. 자일리톨을 불소와 함께 사용할 경우 충치 예방 효과는 더욱더 높아지게 된다.

자일리톨 연구결과에 따르면 구강 내 세균들은 자일리톨을 당분으로 착각하여 먹게 된다고 한다. 하지만 충치균들은 자일리톨을 소화시킬 수 없어 그대로 배설하게 된다. 세균들은 이 배설물을 다시 당분으로 알고 먹고, 다시 배설하기를 반복하다가는 굶어죽게 된다고 한다.

자일리톨이 구강 보건에 도움이 된다는 사실은 전세계적으로 많은 연구를 통해 잘 알려져 있다. 핀란드, 노르웨이, 스웨덴과 같은 스칸디나비아 국가를 비롯한 유럽 여러 나라의 치과의사협회에서는 자일리톨이 다량 함유된 제품에 대하여 공식적인 인증제도를 실시하고 있다.

자일리톨이 효과가 있으려면 함량이 70% 이상 되어야 하며 다른 당분이 들어가서는 절대 안 된다. 그러나 자일리톨은 치아미백 효과는 없는 것으로 알려져 있다.

53

스케일링은 꼭 해야 하는 걸까?

원래 스케일링은 안 해도 되는데 한번 하면 자꾸 해줘야 한다거나 스케일링을 해서 좋을 것 없다는 생각은 잘못된 상식이다.

아무리 칫솔질을 구석구

석 깨끗이 한다고 해도 칫솔이 잘 닿지 않는 부분이 있기 마련이고 그곳에는 프라그가 쌓이게 된다. 프라그가 굳어서 돌처럼 된 것이 바로 치석이다. 치석은 아무리 양치질을 해도 없애기 어렵기 때문에 치과에 가서 스케일링을 해서 제거해야 한다.

치석은 눈에 보이는 것도 있지만 잇몸 속의 치아뿌리에 있는 치석은 보이지 않는다. 치석을 제거하지 않을 경우 프라그에 있는 세균들이 잇몸을 갉아먹게 된다.

우리 몸의 피부는 상처가 나도 어느 정도 복구되지만 잇몸은 그렇지 않다. 할머니 할아버지 치아를 보면 아주 길어 보이는데 그것은 치아가 길어진 게 아니고 잇몸이 마모되었기 때문이다. 치아를 받쳐주는 잇몸이 부실하면 당연히 치아도 흔들리고 약해진다. 잇몸이 심하게 상할 경우 치아 자체를 모두 뽑아야 되는 경우도 생길 수 있다. 그렇기 때문에 치아에 붙어 있는 세균덩어리인 치석을 제거해 주기 위해 스케일링을 해야 한다.

스케일링은 치석제거를 위한 치료이지 미백효과를 위해서 하는 것이 아니다. 담배를 많이 피는 사람이 간혹 스케일링을 한 후 치아가 하얘졌다는 것은 사실이 아니다. 담배의 성분 중에는 치아를 검게 만드는 물질이 있어 그것이 이에 끼게 된다. 그런데 스케일링을 하면서 치아 표면과 사이에 낀 담배 성분이 제거되므로 순간적으로 미백효과가 있다고 느끼게 되는 것일 뿐이다. 스케일링은 잇몸질환을 예방하기 위한 것으로, 1~2년에 한 번 정도 하는 것이 좋다.

'스케일링을 하면 치아가 더 나빠지고 이 사이의 틈이 벌어진다'는 사람도 있는데 그건 치아가 망가진 것이 아니고 치아와 치아 사이에 끼어 있던 치석이 제거되어 치석이 메우고 있던 자리가 뚫려서 그런 것이다.

건강한 잇몸과 치아를 위해서 스케일링보다 우선되어야 할 것은 음식을 먹은 후에는 항상 구석구석 꼼꼼히 양치하는 습관을 들이는 일이다.

54

왜 멀미를 할까?

귓속의 전정기관과 같이 우리 몸의 움직임을 느끼는 기관의 정보와 시각으로 받아들여지는 정보가 다르면 멀미를 하게 된다. 흔들리는 버스 안에서 책을 볼 때 머리, 피부 등은 움직임을 느끼지만 눈은 책에 고정되어 있다. 눈으로 보이는 현상과 몸이 느끼는 현상이 달라 중추신경계는 움직임에 대해 혼동을 일으키게 되고, 뇌의 회전감각에 혼란이 와서 멀미를 한다.

역한 냄새를 맡아도 멀미를 할 수 있다. 일반적으로 멀미는 남자보다 여자가 잘 일으키며, 12세 이하의 어린이가 가장 심하고 50세 이후에는 거의 사라진다.

움직이는 것을 타기 전에는 가벼운 식사를 하고 옷도 몸에 죄는 것을 피하고 느슨하게 입는 것이 좋다. 멀미에는 생강이 효과가 좋다고 한다. 멀미로 심하게 고생하는 사람은 출발 전에 생강차를 마시고, 보온병에 담아 여행도중 수시로 마시는 것도 도움이 된다. 멀미를 예방하려면 미리 그네, 회전의자 등을 이용해 훈련해 보는 것도 좋은 방법이다.

55

아기들은 왜 멀미를 하지 않을까?

아기는 어른과 달리 장거리 여행을 하면서 자동차를 오래 타고 있어도 어른처럼 차멀미를 하지 않는다. 멀미는 눈으로 보이는 것과 몸의 평형감각이 느끼는 것이 서로 다를 때 생긴다. 아기는 아직 사물에 대한 정보를 제대로 식별하지 못해 눈에 보이는 것을 무감각하게 받아들이기 때문이다.

심한 멀미로 고생하는 사람은 이 원리를 이용해 보는 것도 좋다. 눈을 감고 휴식을 취하면 차멀미를 어느 정도 피할 수 있게 된다.

56

앉은 채로 졸면서도 넘어지지 않는 것은 무엇 때문일까?

봄이 되면 나른한 춘곤증으로 책상에 앉아서도 졸게 되는 일이 많다. 사람이 졸게 되면 근육이 이완되기 때문에 목이 머리를 제대로 받쳐주지 못하게 된다. 무거운 머리는 자연스럽게 아래로 숙여지는데, 꾸벅꾸벅 졸면서도 재빨리 원래대로 고개를 들게 된다. 금방이라도 의자에서 떨어질 것 같이 보이지만 결코 넘어지는 일은 없다. 비록 졸기는 하지만 귓속에 있는 균형기관인 세반고리관이 활동하고 있기 때문이다. 세반고리관 안에는 감각털이 달린 주머니에 평형석과 액체가 들어 있어 몸이 기울어지면 자동적으로 제자리로 돌려준다. 의자에 앉아 졸다가 떨어진다면 이 세반고리관에 문제가 있는 사람이다.

57
전화는 어느 쪽 귀로 듣는 것이 좋을까?

손을 사용하는 상품이나 도구는 대개 오른손잡이용으로 만들어지고 있다. 전화도 마찬가지이다. 수화기를 들고 버튼을 누르거나 통화하면서 메모를 하는 경우, 오른손이 자유롭도록 대부분 왼손으로 수화기를 잡는다. 왼손으로 수화기를 잡으면 자연히 왼쪽 귀로 상대방의 이야기를 듣게 된다. 뇌의 구조를 생각하면 오른쪽 귀로 상대방의 이야기를 듣는 편이 좋다.

인간의 뇌는 우뇌와 좌뇌로 나뉘어 있다. 좌뇌는 언어 등 논리적인 것을 담당하고, 우뇌는 감정적인 것을 담당한다. 즉, 전화로 상대방의 이야기를 듣는 것은 좌뇌의 일이다. 좌뇌와 연결된 것은 왼

쪽 귀가 아니라 오른쪽 귀이기 때문에, 수화기는 오른손으로 잡아 오른쪽 귀로 상대방의 이야기를 듣는 편이 좋다.

58

입술은 왜 붉을까?

사람의 입술은 붉은색을 띤다. 여자들은 화장을 하면서 빨간 입술에 더 빨간 립스틱을 덧바른다. 빨간 입술은 건강한 사람의 아름다움을 드러내기 때문이다.

입술은 어째서 붉을까? 입술의 피부 바로 밑에 혈관이 집중되어 있기 때문이다. 수많은 모세혈관을 통과하는 피는 철분과 산소와 결합되어 있어 붉은색을 띠게 된다. 추운 겨울날 입술이 파랗게 질리는 것은 입술의 모세혈관들이 냉기로 인해 수축되면서 피가 산소를 잃기 때문이다.

59

혀를 깨물면 피를 많이 흘려 목숨을 잃게 될까?

혀를 깨물면 과다출혈이나 호흡곤란으로 사망한다고 생각하기 쉽다. 하지만 1차적인 사망 원인의 대부분은 뇌 충격에 의한 쇼크사이다.

혀는 신체 중에서 가장 민감한 신경을 가지고 있는 기관이다. 감각이 뛰어난 만큼, 피부가 잘려나갈 때의 충격은 일반피부가 잘려나갈 때와는 비교가 되지 않을 정도로 고통스럽다고 한다. 이 엄청난 고통의 자극으로 인해 뇌가 쇼크를 받게 되고 결국 사망에 이르게 된다. 물론 혀를 깨물었을 때 쇼크를 받아도 사망하지 않고 기절만 하는 경우도 있다. 이 경우에는 2차적 원인인 호흡곤란 및 과다출혈로 죽게 되는 경우가 많다고 한다.

60

혀는
어떻게 맛을 알까?

혀에는 맛을 아는 미각세포가 있기 때문이다. 미각세포 가운데 가장 예민한 것이 쓴맛을 느끼는 세포이다. 쓴맛을 느끼는 미각세포는 단맛을 느끼는 미각세포보다 10,000배는 더 예민하다. 대개 인체에 해로운 물질은 쓴맛을 띠고 있는 것이 많은데, 쓴맛을 느끼는 미각세포는 아주 빠르고 강하게 쓴맛을 느끼게 해준다. 그렇지만 입안에 침이 없다면 미각세포가 그토록 빠르게 맛을 느끼지는 못한다.

61
혀 짧은 소리를 내는 사람은 정말 혀가 짧을까?

어린애 같은 말투로 얘기하는 사람을 보고 '혀가 짧다'고 한다. 그렇지만 정말 혀가 짧은지는 알 수 없다. 실제로 혀의 길고 짧음은 발성과는 무관하다.

어린애 같은 말투로 말하는 사람은 혀가 짧아서가 아니라 혀의 움직임이 둔하기 때문이다. 말을 할 때, 혀는 입천장에 닿거나 둥글게 말거나 펴고 수축하는 등 다양하게 움직인다. 혀의 움직임이 둔한 사람은 그 많은 혀의 움직임을 제대로 해낼 수가 없다. 혀의 움직임이 둔하지 않은데도 혀 짧은 소리를 내는 사람은 정신적인 이유, 다시 말해 언제까지고 어린이로 있고 싶다는 생각을 가진 피터팬신드롬을 가졌을 확률이 높다.

62
기쁘면 왜 큰소리를 내게 될까?

사람은 정말 기쁘면 자신도 모르게 큰소리를 지른다. 감동이나 기쁨은 먼저 대뇌에 있는 전두엽으로 전달되고, 전두엽은 자신이 어떻게 반응해야 하는지를 결정한다. 전두엽은 이성을 지배하고 있기 때문에 주위의 반응에 신경을 써서 통제된 판단을 내리는 일을 한다. 그런데 감동이나 기쁨이 너무 크면 전두엽을 통하지 않고 바로 대뇌변연피질로 전달된다.
이곳은 즉석에서 본능적인 반응을 하도록 명령을 내리는 곳이다.
그렇기 때문에 거리낌없이 큰소리를 내게 된다.

63

남자는 왜 변성기에 목소리가 심하게 바뀔까?

변성기가 되면 소년들의 목소리는 갑자기 쉬고 3개월 정도 지나면 어른의 목소리를 갖게 된다. 이런 변성기는 생리학적으로 남성호르몬의 분비가 활발해지고 성대가 2배나 늘어나기 때문인데, 왜 남자에게만 그 변화가 심할까? 변성기는 여성에게도 일어난다. 다만 여성은 원래 성대의 길이가 남성의 20% 정도밖에 되지 않아 성대가 늘어나도 남성만큼 심한 변화를 겪지 않기 때문에 거의 눈에 띄지 않는다.

남성에게만 이런 극적인 변화가 일어나는 이유는 수컷이 암컷에게 말을 거는 생물계의 규칙 때문이라고 한다. 다시 말해 여성과 비슷한 소리로는 말을 걸어도 여성이 관심을 보이지 않기 때문이다.

64

헬륨가스를 마시면 왜 목소리가 우습게 변할까?

텔레비전의 오락프로그램을 보면 헬륨가스를 마시고 우스운 목소리로 말하는 모습을 종종 볼 수 있다. 실제로 헬륨을 마시면 목소리가 이상하게 변한다. 놀이공원에서 파는 풍선에 헬륨을 많이 넣는다. 그 이유는 헬륨이 가벼운 성질을 가져 풍선이 공중에 잘 뜨기 때문이다. 헬륨을 마셨을 때 목소리가 변하는 것도 헬륨이 가볍기 때문이다.

소리의 진동수는 공기의 밀도에 반비례한다. 공기의 밀도가 높으면 천천히, 낮으면 더 빠르게 전달된다. 보통 공기는 약 29g/㎤의 밀도를 가지고 있다. 보통의 환경에서 소리의 속도는 340m/sec이다. 동일한 온도에서 헬륨의 밀도는 4g/㎤으로 헬륨만 모아둔 폐쇄된 공간에서 소리의 속도는 일반 음속의 3배에 달하는 8백

와! 진짜 도날드다

꽤액 (공기2배속)

91m/sec가 된다.

소리는 속도가 빨라지는 것에 비례해서 진동수도 커진다. 진동수가 커지면 소리의 크기는 그대로지만 높은 음이 나게 된다. 헬륨만 있는 곳에서 소리를 낸다면 2,7~3배까지 음이 높아진다. 하지만 헬륨을 마신 후에 소리를 내게 되면 입 안에 유입된 일반 공기와 헬륨이 섞여 그렇게 높아지지는 않고 보통 1.5~2배까지 높은 음이 나게 된다.

목소리는 폐에 있던 공기가 나오다가 성대를 움직이게 되면 공기가 진동하면서 나온다. 소리의 높낮이는 소리의 진동수가 결정한다. 사람마다 목소리가 다 다른 것도 이 때문이다. 인위적으로 헬륨을 입 속에 머금으면 공기의 밀도와 소리의 진동수가 바뀌기 때문에 목소리를 내면 이상한 소리로 변하게 된다.

65
바닷물을 마시면 갈증으로 죽게 된다는 것이 사실일까?

사람이 갈증을 느끼는 것은 몸을 구성하고 있는 세포들의 수분이 부족하기 때문이다.

바닷물은 세포 속의 물보다 짜기 때문에 세포에 물이 공급되는 것이 아니라 오히려 세포 속의 물이 세포 밖으로 나오게 된다. 이것을 삼투압 현상이라고 한다. 삼투압은 농도가 낮은 곳에서 농도가 높은 쪽으로 이동하여 양쪽의 농도를 같게 하려는 현상이다. 그래서 몸 속의 세포보다 염분이 많은 바닷물을 마시면 마실수록 체내의 수분은 더욱 부족하게 되고 더욱더 심한 갈증을 느끼게 된다. 사람의 몸을 구성하고 있는 세포에 수분이 부족해지면 세포는 죽는다. 세포가 죽게 되면 사람도 당연히 생명력을 잃어 죽음에 이를 수밖에 없다.

66

딸꾹질은 왜 생길까?

딸꾹질은 횡격막의 갑작스런 수축으로 나타나는 증상이다. 횡격막은 가로막이라고도 하는데 포유류에게만 있다. 횡격막은 호흡할 때 사용되는 근육이다. 횡격막이 갑자기 수축하게 되면 성대로 들어오는 공기가 차단되면서 딸꾹질을 하게 된다. 횡격막이 수축하는 것은 횡격막의 움직임을 조절하는 신경이 어떤 자극을 받았기 때문인데, 어떤 자극에 이런 반응이 나타나는지는 정확히 알 수가 없다고 한다.

대개는 일상적인 상황에 갑자기 변화가 생기면 딸꾹질을 하게 된다. 그러므로 건강한 보통 사람들이 딸꾹질을 하게 되는 때는 지나치게 긴장했을 때나 음식을 급하게 먹었을 때, 담배를 피거나 술을 마실 때, 그밖에 너무 매운 음식이나 찬 음식을 먹었을 때, 추운 곳에 오래 서 있을 때도 나타날 수 있다. 잘 멎지 않는 심한 딸꾹질이 반복된다면 신체의 다른 질환을 의심해야 한다.

67

목소리를 녹음하면 실제 목소리와 다르게 들리는 이유가 무엇일까?

노래방에서 기분이 좋아 노래를 불렀는데 이것을 녹음한 테이프를 재생시켜보고 자신의 실제 목소리와 다르게 들려서 깜짝 놀랐던 적이 있을 것이다. 물론 녹음 테이프의 결함이 아니다.

자신의 목소리를 직접 들으면 묵직하게 들린다. 그것을 테이프로 들으면 조금 빈약한 목소리가 된다. 자신의 목소리를 자신이 들을 때, 특히 저음부의 음은 두개골을 통해 청신경에 도달하기 때문에 자신의 목소리가 묵직하게 느껴진다. 녹음테이프로 듣는 자신의 목소리는 공기를 통해 전달되는 소리로 다른 사람이 듣는 자신의 목소리와 같다.

마찬가지로 음식을 씹을 때 자신의 씹는 소리는 상당히 크게 들린다. 맞은편에 앉아 같이 먹는 사람의 소리는 그렇게 크게 들리지 않는다. 자신의 씹는 소리는 자신의 귓속에만 들린다. 소리는 밀도가 높은 재질일수록 확대되어 크게 들리기 때문이다. 다른 사람의 씹는 소리는 밀도가 낮은 공기를 통하여 귀로 전달되기 때문에 조그만 잡음 정도로밖에 느껴지지 않는다. 자신이 씹는 소리는 단단한 두개골을 통하기 때문에 커다란 소리로 들린다.

유명한 독일의 작곡가 베토벤(1770~1827년)은 귀가 들리지 않게 된 후에도 피아노연주는 확실히 들었다고 한다. 기다란 지팡이로 피아노를 꽉 누르고 다른 한쪽은 이로 물고 있으면 피아노 소리의 진동이 지팡이와 뼈를 통해 청신경까지 도달할 수 있었기 때문이라고 한다.

68
심장은 가슴 왼쪽이 아니라 한가운데에 있다는 것이 사실일까?

대부분의 사람에게 심장이 어디에 있는지를 물으면 가슴 왼쪽에 있다고 대답한다. 하지만 가슴 왼쪽에는 심장이 없다. 이것은 잘못된 상식이다. 실제로 사람의 심장은 가슴 왼쪽이 아니라 거의 가슴 한가운데에 있다. 심장은 왼쪽과 오른쪽 허파 사이의 가슴뼈 바로 아래에 있다.

69
남성의 젖꼭지는 필요도 없는데 왜 있을까?

원래 유방을 구성하고 있는 유선은 어머니의 태내에 있을 때부터 남녀의 구별이 생기기 전에 먼저 만들어진다. 성호르몬 분비가 적은 소아기에 유방은 남녀 모두 거의 부풀지 않는다.

사춘기가 되면 여자는 여성호르몬(에스트로겐)의 분비가 왕성하여 유선이 발달되면서 유방이 커진다. 남자는 여성호르몬이 극히 적기 때문에 부풀지 않고, 편평한 가슴에 붙은 유두만이 눈에 띄게 된다. 어렸을 때 그대로 남아 있게 되는 셈이다. 남성이라도 여성 호르몬을 주입하면 유방이 부풀고 드물게는 젖이 나오는 경우도 있다.

70
남자도 유방암에 걸릴 수 있다는 게 사실일까?

사실이다. 태아는 남자와 여자의 성별이 나뉘기 전에 유방이 먼저 생긴다. 그래서 남자에게도 유두가 남아 있다. 점차 자라면서 여성호르몬이 분비되면 여성은 유방이 커지게 되고 남성은 남성호르몬에 따라 2차성징이 나타나게 된다. 그렇지만 드물게 유선비대증에 걸리는 남자들이 있다. 실제로 유방암 환자의 1%는 남자라고 한다.

71
남자와 여자의 갈비뼈 수는 정말 다를까?

기독교 경전인 성경에 아담의 갈비뼈를 추려내어 여자를 만들었다고 적혀 있어 많은 사람들이 남자가 여자보다 갈비뼈 하나가 적다고 생각한다. 하지만 이것은 지극히 잘못된 오해이다. 남자와 여자의 갈비뼈 수는 같다.

72

간에 이상이 있으면 건망증이 심해질까?

간장은 인체에서 가장 큰 내장기관이다. 간의 무게는 남성이 약 1400그램, 여성이 약 1200그램 정도이다. 간은 음식물에서 섭취한 영양소를 몸에 도움이 되도록 다양한 형태로 다시 만들거나 약이나 알코올 등을 마셨을 때 유해 성분을 분해하여 무해한 것으로 만드는 일을 한다. 간은 인간의 몸에 있어서 가장 중요한 장기이다.

간이 손상되면 몇 가지 증상이 나타나게 된다. 먼저 나른함이나 쉽게 피로를 느끼는 일이 계속된다. 술이 약해졌다거나 좋아하는 음식이 먹히지 않을 때에도 간 기능 장애를 의심할 필요가 있다. 또한 몸이 가렵거나 건망증이 부쩍 심해졌다고 생각되어도 간 질환을 의심해 보는 것이 좋다.

무엇보다 간장의 기능이 저하되면 의사의 지도를 받으면서 식사 요법을 하는 것이 가장 중요하다.

73

배고플 때 뱃속에서는 왜 "꼬르륵" 소리가 날까?

공복 상태에서는 음식을 보거나 냄새를 맡거나 생각만 해도 자기도 모르게 배에서 꼬르륵 소리가 난다. 뱃속에서 꼬르륵 소리가 나는

것은 실제로 음식물이 위로 들어가지 않았지만 조건반사로 인해 위가 저절로 활동을 시작하기 때문이다. 음식과 관계된 시각이나 후각적 자극이 대뇌에 전달되면 대뇌는 위가 움직이도록 신호를 보낸다.

뱃속에 음식이 들어가지 않더라도 뇌가 음식냄새를 후각세포로부터 전달받으면 음식물이 들어올 것으로 미루어 짐작하고 위에 신호를 보낸다. 이 신호에 따라 비어 있는 위가 운동을 하게 되고 그에 따라 비어 있는 위에 모인 공기가 작은창자로 빠져나가면서 소리를 내게 된다.

74

배고프다는 생각은 언제 생길까?

흔히 뱃속이 비면 배고픔을 느낀다고 여기기 쉽다. 하지만 사실은 전혀 다르다. 우리가 배고픔을 느끼는 것은 뇌에서 느끼기 때문이다.

뇌는 우리 몸이 공급받아야 할 포도당이 제대로 공급되지 못하고 있을 때 배고픔을 느끼게 된다. 혈액 속에 필요한 만큼의 영양 물질(포도당)이 부족하게 되면, 혈관(핏줄)으로부터 우리의 뇌 속에 있는 '기아(배고픔) 중추'로 배가 고프다는 신호를 보낸다. 즉, 영양 물질이 혈액 속에 부족하다는 것을 알려준다.

사람이 음식을 섭취하게 되면 음식은 녹말로 분해되고, 녹말은 다시 포도당으로 분해되어 혈액을 통해 신체 곳곳의 세포로 공급한다. 병자가 음식을 먹지 못할 때 포도당 성분의 링거를 환자의 혈관을 통해 공급해 주는 것도 이런 원리를 이용한 것이다. 혈관을 통해 포도당만 혈액에 공급해 주면 사람은 배고픔을 느끼지 않고 활동할 수 있다.

75
기아에 허덕이는 사람이 왜 비만인 사람처럼 배가 나올까?

뚱뚱한 사람이 배가 나오는 이유는 피하지방이 많기 때문이다. 특히 배가 나오는 이유는 지방세포가 커졌기 때문인데, 지방세포는 피부 바로 밑과 창자 주변, 그리고 복막과 배 근육 사이에도 쉽게 달라붙는다.

그렇다면 음식을 섭취하지 못하여 기아에 허덕이는 사람은 어째서 배가 나올까? 이유는 배의 근육이 쇠약해졌기 때문이다. 제대로 먹지 못한 사람은 물만 마셔도 배가 불뚝 솟아오르게 된다. 음식을 제대로 섭취하지 못하면 위장근육과 복근이 약해진다. 이때 음식물이 들어가면 배가 팽창하는 것을 막아줄 근육이 제 구실을 못해 배가 튀어 오른다. 이 상태가 지속되면 배와 등은 딱 달라붙고 만다.

76

식후에 바로 달리면 왜 옆구리가 아플까?

식사 후 바로 운동을 하면 옆구리가 아프기 시작한다. 우선 옆구리라고 해도 배 한 가운데 근처가 아플 때는 심한 운동으로 위장 상태가 이상해졌기 때문이다. 위장이 음식을 소화하고 있을 때 심한 운동을 하면 위장의 상태가 고장을 일으키게 된다. 한편, 왼쪽 옆구리가 아프기 시작할 때는 위장이 아닌 비장에 원인이 있는 경우가 많다. 비장은 노화된 적혈구를 처분하거나 임파구를 만드는 작용을 하므로 식후에는 특히 바쁘게 일한다. 식후 바로 운동을 하면 그런 비장의 작용에 문제가 생기게 되어 일어나는 아픔이다.

77

왜 맹장은 없어도 살 수 있을까?

맹장은 본래 중요한 기능을 가지고 있다. 음식물이 위에서 소장을 거쳐 대장에 이르면 맹장을 포함한 대장의 상부는 연동운동을 하여 음식물을 완전히 소화시키려 한다. 맹장은 음식물이 대장을 통과하는 동안의 완충지대로 소화활동을 돕는다. 특히 초식동물의 경우에는 소장에서 충분히 소화되지 않은 내용물은 맹장에 머물러 흡수하기 쉬운 상태가 될 때까지 잘게 반죽된다. 그런데 인간은 잡식동물로 비교적 흡수가 잘 되는 음식물을 섭취한다. 따라서 맹장도 그 나름의 역할은 하지만 특별히 없더라도 지장이 없는 어정쩡한 위치를 차지하게 되어 없어도 큰 문제는 없다.

78

어떻게 정액으로 혈액형을 알 수 있을까?

혈액반응이 나타나지 않는 범죄라도 정액 등이 떨어져 있다면 그것으로 범인의 혈액형을 판정할 수 있다. 혈액 이외에도 침이나 위액, 눈물, 소변, 땀, 정액 등의 체액은 모두 혈액형을 판정할 수 있는 재료가 된다. 이는 인간의 체액 속에 적혈구와 같이 수용성 항원이 분비되기 때문이다. 분비된 항원은 A형인 사람은 A물질, B형인 사람은 B물질로 정해져 있으며, 이 항원을 조사함으로써 판정이 가능해진다. 단지 O형인 사람은 적혈구에 항원이 없다. 그러나 수용성 항원물질로 H라는 성분을 타액 등으로 분비한다.

혈액이나 체액 이외에 모발로도 혈액형을 판정할 수 있다. 요즈음엔 DNA로 판별하는 보다 첨단 수사기법이 쓰이고 있다.

79

방귀를 억지로 참으면 병이 생길까?

방귀를 꾹 참는다 해도 쉽게 병이 생기지는 않는다. 방귀의 성분 가운데 70% 정도는 우리가 음식을 먹을 때 입으로 들어간 '공기'이다. 20% 정도는 피 속에 녹아서 섞여 있던 가스가 장을 통해서 나오는 것이고, 나머지 10%는 음식물이 장에서 분해될 때 생기는 가스이다. 이러한 공기와 가스가 한데 섞여서 방귀가 나오게 된다.

사람이 방귀를 뀌는 것은 정상적인 생리현상이니 흉볼 일이 아니다. 방귀를 억지로 참는다고 병에 걸리지는 않는다. 하지만 방귀를 지속적으로 참으면, 가스로 인해 장이 풍선처럼 팽만해져 항상 누에처럼 꿈틀거리는 연동운동을 해야 하는 장이 그 기능을 제대로 못할 수도 있다.

방귀를 자주 참으면 장에 가스가 차서 장의 기능이 일시적으로

조금 저하될 수는 있으나 한두 번 참는다고 하여 몸에 치명적인 장
애가 오는 것은 아니다.

80

방귀를 참으면
어디로 갈까?

방귀를 참고 있으면 어느
새 없어져 버린다. 이는 가
스가 장에 흡수되기 때문이
다. 흡수된 가스는 혈관을
돌아 소변 등으로 배설된다.
유독가스가 함유되어 있더

라도 소량이기 때문에 몸에 큰 영향을 미치지는 않는다. 그렇더라
도 화장실 등에서 마음껏 방귀를 뀌어 상쾌하게 하는 것이 정신위
생상 더 좋다고 한다.

81

왜 소리 없는 방귀의
냄새가 더 지독할까?

보편적으로 소리 없는 방
귀는 소리 큰 방귀보다 냄
새가 더 지독하다고 알려져
있다.

1997년 워싱턴에서 열린
'소화기 질병 주간' 학술대

회에서 발표된 의사들의 연구에 따르면 방귀 소리와 냄새(주원인은
암모니아) 사이의 상관관계는 없다. 오히려 방귀 소리는 유황의 함
량과 상관관계가 높다. 방귀 냄새는 섭취한 음식에 따라 달라질 수

있다. 계란, 육류와 같은 단백질 음식은 방귀냄새가 고약해질 수 있다.

82
손가락을 뚝뚝 소리나게 꺾으면 손가락이 굵어질까?

손가락 관절은 윤활 역할을 하는 깨끗한 액체 주머니로 둘러싸여 있다. 이 액체 속에는 15% 가량의 이산화탄소가 포함되어 있으며, 손마디를 잡아당기거나 비틀면 액체 주머니 속에 압력이 낮아지는 부분이 생기게 된다. 이 압력이 낮아진 곳으로 이산화탄소가 모여들어 기포가 만들어지고, 거의 동시에 그 기포가 터진다. 우리가 듣는 "뚝" 소리가 바로 기포가 터지는 소리이다. 이 소리는 기포가 소멸하면서 그곳으로 주위의 액체가 일제히 몰려들어 부딪히는 소리이다. 한번 기포가 터지면 주변에 작은 기포가 남게 되고, 작은 기포 속의 이산화탄소가 다시 윤활액 속에 완전히 녹아들어가게 되기까지 약 15~20분이 걸린다. 그 동안에는 손마디를 다시 잡아당겨도 새로운 기포가 만들어지지 않는다. 기껏 생긴다 해도 아주 미세한 것들뿐이다. 그래서 같은 손마디를 연달아 꺾어 소리를 내기는 힘들다.

손마디를 습관적으로 꺾으면 그 부위가 흉하게 굵어진다든지, 나중에 관절염으로 고생하게 된다든지 하는 얘기는 아직까지 입증된 것은 아니다. 하지만 의사들은 이 행동이 해로우면 해로웠지 그

다지 바람직한 습관은 아니라고 말한다.

83

손톱은 잘라도
왜 아프지 않을까?

절단한 손가락이 다시 자라지는 않지만, 손톱이나 머리카락은 잘라도 아프지 않고 다시 길게 자라난다.

손톱이나 머리카락은 이미 죽은 세포로 만들어져 있어서 신경이 미치지 않기 때문에 잘라도 아프지 않다. 손톱이나 머리카락은 뿌리에서부터 자라나 자라나는 부분만큼 죽어간다. 뿌리의 세포는 살아 있기 때문에 자르면 아프지 않아도 뽑으면 아픔을 느낀다.

세포는 재생 능력이 있지만 잘려 나간 손가락은 다시 자라지 않는다. 하지만 도마뱀이나 도롱뇽의 경우, 손발을 절단해도 다시 자란다. 이것은 절단 부분의 세포가 탈분화라 불리는, 아직 기관이 되기 전의 미분화 세포로 되돌아갈 수 있기 때문이다. 미분화세포에 사이트카인(성장인자)이라 불리는 어떤 종류의 단백질이 작용하면 세포의 분화를 결정하는 '호메오박스' 유전자가 움직여 세포는 뼈나 살로 분화하기 시작한다. 인간의 손발 세포에는 탈분화가 일어나지 않기 때문에 절단하면 다시 자라나지 않는다.

84

다리에 쥐가 났을 때 코에 침을 바르면 진짜 효과가 있을까?

다리에 쥐가 났을 경우 코에 침을 바르는 것은 신경을 다른 곳으로 돌리기 위한 방법으로 코에 침을 발라서 다리에 쏠린 신경을 코로 유도하기 위한 생각에서이다.

다리에 쥐가 났을 때는 코에 침을 바르는 것보다 다리를 쫙 펴고 발가락을 뒤쪽으로 당겨주는 것이 더 효과가 있다.

85

부은 다리를 그대로 두면 굵어질까?

추운 계절이 되면 여성들은 롱부츠를 즐겨 신는다. 아침에는 쉽게 들어가는데 사무실에서 다른 신발로 갈아 신고, 저녁에 다시 신으려고 하면 지퍼가 잘 올라가지 않는 경우가 있다. 다리가 부어 굵어졌기 때문이다. 다리가 붓는 것은 울혈로 혈액이 막혀 일어나는 증상이다. 심장은 펌프질을 하여 피를 심장 밖으로 내보낸다. 피는 몸 속을 돌아 다시 심장으로 돌아간다. 하지만 다리는 심장에서 멀리 떨어져 있는 탓에 누워 있을 때 이외에는 심장보다 아래에 있게 된다. 다리로 내려간 혈액은 중력을 거슬러 다시 되돌아와야 하는데 이것이 좀처럼 쉽지가 않다. 때문에 흐름이 순조롭지 못하게 되어 혈액이나 림프액에 함

262

유되어 있는 노폐물이 뭉친 결과 다리가 부어오르게 된다.

굵은 다리는 체지방이 다리에 붙은 상태를 말하는 것이므로 부은 것과는 다르다. 단, 부은 다리를 그대로 두면 충분히 굵어질 수도 있다. 이것은 다리에 뭉친 붓기의 원인인 체액이 지방세포 속에 들어가 셀룰라이트라는 덩어리가 되기 때문이다. 이 셀룰라이트는 보통의 지방세포보다 2, 3배나 크고 한번 생기면 좀처럼 없어지지 않는 얄궂은 성질을 가지고 있다. 결국 붓기를 방치하면 셀룰라이트가 생기고 그 결과 살이 잘 빠지지 않는 굵은 다리가 될 수 있다.

즉, 붓기 해소 방법은 셀룰라이트가 생기는 것을 막는 것이다. 책상에서 하는 작업이나 서 있는 일이 많을 때는 1시간에 한 번 정도 가벼운 스트레칭을 하거나 발목을 돌려주고, 잘 때 다리를 조금 높게 하고 자는 것도 효과가 있다.

86

수영할 때 종아리에 쥐가 나는 것은 왜 그럴까?

수영 중에 자주 일어나는 '종아리근육 경련'은 특히 수영이 능숙하지 않은 사람에게 일어나기 쉽다. 이는 '호흡의 혼란'이 원인이기 때문이다. 수영이 능숙하지 못한 사람은 수영 중에 숨을 제대로 쉬기 어렵다. 당황하여 물 밖으로 얼굴을 내밀어 힘껏 숨을 들이키게 되는 일이 생긴다. 그러면 혈액 중의 탄산가스가 한꺼번에 줄어들기 때문에 근육의 운동밸런스가 무너져 경련을 일으키게 된다. 이것이 종아리에 쥐가 나게 되는 이유이다. 종아리에 쥐가 나는 것을 피하기 위해서는 먼저 준비체조를 충분히 해야 한다. 특히 종아리 경련은 근육이 펴진 순간에 일어나기 쉬우므로 근육을 펴는 운동을 정성들여 해야 한다. 그 다음은 숨쉬기를 잘 하는 수밖에 없다.

87

왜 발바닥에서는 냄새가 날까?

땀에는 두 종류가 있다. 에크린 땀샘에서 나는 땀의 성분은 거의 소금물로 냄새가 나지 않는다. 그렇지만 아포크린 땀샘에서 나는 땀은 단백질이나 지방을 함유하고 있어 털이나 피부에 붙어 있는 세균이 그것들을 분해하면서 냄새가 난다. 암내는 아포크린 땀샘이 원인이다. 아포크린 땀샘은 겨드랑이 밑에 있다.

발바닥에는 에크린 땀샘밖에 없다. 그럼, 냄새의 원인은 어디에 있을까?

발바닥은 몸 중에서 가장 각질이 두꺼운 부분이다. 각질, 즉 단백질이나 지방이 마찰이나 신진대사로 인해 때가 되어 벗겨진다. 이것에 에크린 땀샘에서 나오는 땀이 적당한 수분을 주게 된다. 여기에다 신발 속은 밀폐되어 체온이 빠져나가지 못한다. 신발 속은 언제나 따뜻하게 되고 세균이 증식하기에는 더할 나위 없이 좋은 환경이다. 표피 포도균이나 코리네 박테리아가 단백질이나 지방을 분해하고 이소길초산 등의 지방산을 발생시킨다. 이것이 발바닥 냄새의 정체이다.

맨발을 묽은 식초 물로 씻으면 세균의 증식이 억제되어 냄새가 없어진다.

88

피부가 숨쉬지 못하면 죽게 되나요?

007시리즈의 '골드핑거'에서는 여성의 전신에 금가루를 발라 질식사시키는 유명한 장면이 있다. 금가루를 바르면 피부호흡이 불가능해져 결국에는 죽고 만다는 이야기인데, 이렇게 되면 정말 죽게 된다고 생각하는 것이 일반적인 상식이다.

인간은 피부로도 호흡을 한다. 인간은 호흡의 대부분을 입과 코로 행하며 피부호흡이 차지하는 비율은 총 호흡량의 0.6~1%에 불과하여 실제 느낄 수 없을 정도의 양이다. 피부에 랩을 감아 피부가 숨을 쉬지 못하더라도 죽지는 않는다는 말이다.

따라서 금가루를 전신에 발랐다고 해서 질식사하는 일은 없다. 만일 그렇다면 전신 머드마사지 등은 상당히 위험한 일이 될 것이다. 그러나 만일 전신의 모공에 금가루가 들어가 땀샘이 막혀, 발한기능이 멈추고 체온조절이 안 되면 죽음에 이를 수는 있다.

89

물집이 생기면 터뜨려야 할까?

물집은 발뒤꿈치와 같은 신체부위에 자극이 반복될 때 생긴다. 처음엔 자극부위가 빨갛게 달아오르다가, 피부 아래에 투명한 액체가 고이면서 물집주머니가 생긴다. 이는 반복된 자극을 받은 피부의 표피와 진피 간에 림프액이 고여 수포가 생기는 현상이다.

물집이 생겼을 때는 일단 터뜨려야 하는데, 물집이 작을 때는 바늘을 이용하여 물집 가장자리에 몇 개의 바늘구멍을 뚫어서 물을 제거하면 된다. 물집이 크고 심하면 소독약을 이용하여 소독한 바늘에 실을 꿰어 물집을 통과시킨 후, 실의 양쪽을 적당하게 잘라내어 남겨둔다. 물집 안의 물이 실을 타고 밖으로 나오게 되어 몇 시간 후에는 물집이 가라앉게 된다.

물집이 가라앉게 되면 실을 빼고 밴드나 반창고를 붙여둔다. 피부가 떠 있는 상태이기 때문에 피부를 보호해주기 위해서이다. 그 상태로 며칠 지나면 감쪽같이 물집자국이 사라진다.

90
살에 박힌 가시를 아프지 않게 뽑는 방법은 없을까?

고약을 발라보자. 고약이 가시를 빨아낼 뿐만 아니라 열과 통증을 없애주기 때문에 좋다.

또 부추를 짓이겨 3~4회 갈아 붙여주면 신기하게도 가시가 뾰족하게 살갗 위로 솟아오른다.

제 8 장

먹을거리의 비밀 속으로!
음식 잡학

소시지가 들어간 빵을
왜 핫도그라고 부를까?

핫도그의 역사는 이제 막 100년이 넘었다. 1901년 뉴욕 자이언츠의 구장인 폴로그랜드 스타디움에서 핫도그가 탄생했기 때문이다.

19세기 말경부터 미국의 야구장이나 유원지에서는 구운 프랑크푸르트 소시지를 파는 노점상이 많았다. 당시 폴로그랜드 스타디움에서 아이스크림을 팔던 할리 스티븐스는 아이스크림이 잘 팔리지 않는 겨울에 무엇을 팔까 고민하고 있었다. 그는 여러 가지 생각 끝에 풋볼을 관람하면서도 먹을 수 있도록 프랑크푸르트 소시지를 롤빵 사이에 넣어 팔기 시작했다. 소시지를 넣은 롤빵은 허기를 면할 수 있어서인지 1시간 만에 모두 팔렸을 만큼 인기가 좋았다.

스포츠만화가 터드 도간은 이날 풋볼경기를 보기 위해 스타디움을 찾았다. 그는 이 빵이 순식간에 팔려나가는 것을 보고 롤빵 사

이에 닥스훈트가 끼워져 있는 그림을 그렸다. 소시지가 양 끝으로 삐져나온 모습이 오리 사냥개인 닥스훈트와 닮았기 때문이었다. 그런데 아무리 생각해도 닥스훈트dachshund의 철자가 생각나지 않았다고 한다. 그는 간단하게 핫도그hot dog라고 썼다. 이것이 순식간에 전국에 퍼져 프랑크푸르트 소시지를 끼운 롤빵의 이름은 핫도그가 되어 버렸다.

도간이 핫도그라는 이름을 사용한 것은 당시 소시지에 개의 고기가 섞여 있다는 소문이 떠돌았기 때문이라는 설도 있다.

02
샌드위치는 언제 처음 먹기 시작했을까?

빵 사이에 치즈나 햄, 야채를 끼워 넣은 샌드위치는 소풍이나 피크닉용 도시락으로, 또 가벼운 식사로 매우 널리 이용되고 있는 음식이다.

샌드위치를 처음 개발한 사람은 영국의 샌드위치 백작으로 알려져 있다. 18세기 영국 켄트주의 샌드위치 백작은 도박광이었다. 그는 식사를 하는 것도 잊을 만큼 노름을 좋아했는데, 밤낮을 꼬박 도박에 몰두할 정도였다. 문제는 세 번의 식사였다. 식사는 그를 괴롭혔다. 먹기 위해 도박 테이블을 떠나야 했기 때문이다. 그는 먹는 시간이 아깝기도 하고 그렇다고 먹지 않으면 배가 고프고, 배가 고프면 도박을 계속할 수가 없었다.

생각 끝에 백작은 하인을 불러서 빵이랑 고기, 야채를 자기 옆에 놓게 했다. 빵과 고기 야채를 골고루 먹으려면 나이프와 포크를 들어야 했고, 그 순간만은 카드를 손에서 놓아야 했다. 그는 그러한 번거로움을 피하기 위해 빵에 고기나 야채를 끼워 넣어서 손으로 들고 먹기 시작했다. 샌드위치는 샌드위치 백작이 노름을 좋아해서 개발한 음식이라 하여 그의 이름이 붙게 되었다.

그런데 이 샌드위치는 샌드위치 백작이 개발한 음식이 아니다. 이름은 다르게 불렸지만, 이 음식은 고대에도 있었다. 고대 로마에서도 유행한 샌드위치는 당시에는 '오프라'라고 불렸다.

03
초콜릿을 처음 먹기 시작한 나라는 어디였을까?

초콜릿은 원래 음료수였다. 처음으로 초콜릿을 만든 것은 멕시코의 아스텍 문명을 일군 사람들이었다. 그들은 카카오 나무의 씨를 갈

아서 삶은 물을 식혀 여러 가지 향료를 섞은 후 후추로 맛을 내어 마셨다. 그것을 멕시코어로 '초코라'라고 하는데 '쓴 물'이라는 뜻 이다.

고대 멕시코인들은 카카오의 나무, 멕시코어로 '카카우아토르' 는 신으로부터 받은 선물이며 그렇게 해서 만들어진 '쓴 물'을 마 시면 몸 안에 힘이 나서 병도 걸리지 않는다고 믿고 있었다.

아스텍 사람들이 이 '쓴 물'을 마시는 것을 보고 스페인 정복자 들도 마시기 시작했다. 초코라는 실제로 피로회복에 도움이 되었 기 때문이다. 그러나 스페인 사람들은 카카오 씨에 후추 대신 같은 양의 설탕을 섞어서 새로운 음료수를 만들고 그것을 '초코라테 chocolate'라고 불렀다. 이것이 영어로 초콜릿이 되었다.

초콜릿은 어떻게 만들어질까? 우선 카카오 씨를 씻어서 솥에 삶 는다. 삶으면 껍질이 벗겨지는데 바람으로 이 껍질을 날려서 알맹 이만 남긴다. 이 알맹이를 잘게 부수어 맷돌에 갈면 기름성분이 포함되어 있기 때문에 걸쭉한 액체가 된다. 이대로 굳히면 쓴 초콜릿이 되고 설탕이나 우유를 넣고 섞으면 달콤한 초콜릿이 된다.

1828년 네덜란드의 반 호텐은 초콜릿을 물이나 우유에 잘 녹을 수 있도록 지방분을 제거했다. 이것이 분말상태의 코코아이다. 오늘날의 초콜릿은 1876년 스위스에서 개발되었다.

04
버터는 로마인들에게 약으로 쓰였다는 것이 사실일까?

버터는 원래 유목민의 식품이었다. 이것이 유럽으로 전해진 것은 기원전 5세기경의 일이다. 로마인은 버터를 야만인의 음식이라고 경멸하여 긴 세월 동안 먹으려 하지 않았다고 한다. 그렇지만 로마인들도 버터를 만들었는데 어디에 사용했을까?

로마인들은 그 유명한 로마의 목욕탕에서 바르는 약으로 사용했다. 그들은 피부를 부드럽게 하기 위해 버터를 사용했다. 로마의 박물학자 플리니우스가 꿀을 섞은 버터를 잇몸에 바르면 치통에 잘 듣는다고 기록했던 것을 보면 로마인들은 버터를 식품보다는 약품으로 생각한 것으로 보인다.

유럽의 서양 요리는 버터를 많이 사용한다. 그렇지만 이탈리아 요리는 버터보다 올리브유를 많이 쓴다. 로마시대 때부터 버터를 음식으로 생각하지 않았던 탓도 있긴 하지만 이탈리아의 지중해성

기후에 올리브가 잘 자라기 때문이다.

　프랑스에서 버터를 먹기 시작한 것은 6세기경부터다. 벨기에는 12세기, 노르웨이는 13세기가 되어서부터 버터를 먹기 시작했다.

　버터가 유럽 전체에 보급된 것은 의외로 최근의 일이다. 버터 만드는 기계가 도입되어 공장생산이 시작된 것은 19세기 말이었다고 전해진다.

05
곶감에는 왜 하얀 가루가 묻어 있을까?

곶감에 묻어 있는 하얀 가루는 곶감이 스스로 만들어 낸 당분이다. 곶감은 적당한 온도와 습도가 있고 바람이 통하는 곳에서 말린다. 감을 말리면 감의 수분이 다 빠져 나가면서 속에 있던 당분이 표면으로 나와 슈거파우더처럼

BEFORE DIET

AFTER DIET

하얀 결정체를 이루게 된다. 곶감의 겉에 흰색 가루가 생기기 시작하면 곶감이 다 만들어졌다는 신호이다.

포도 역시 잘 익으면 겉에 하얗게 당분이 생긴다. 손가락으로 그 하얀 가루만 찍어서 먹어도 단맛이 난다. 이 당분은 몸에도 좋다.

제사 지낼 때 쓰는 과일은 왜 윗부분만 깎을까?

제사상에 올리는 모든 음식은 조상님께 드리는 것이다. 제사에서 초혼을 하면 조상의 혼이 와서 제사상의 음식을 들게 된다. 혼은 실제로 음식을 먹지는 않는다. 불교에서는 혼이 음식을 먹을 때는 향으로 먹는다고 한다. 제사음식에 마늘이나 파를 쓰지 않는 것도 음식 고유의 향을 제대로 내기 위해서라고 한다.

과일은 껍질을 벗겨서 바로 먹지 않으면 잠시만 지나도 깎아 놓은 부분의 색이 변하고 마르게 된다. 제사 전에 미리 전부 깎아놓으면 막상 제사를 지낼 때는 과일이 변색되어 보기 싫어진다. 과일은 깎지 않아도 향이 난다. 그 윗부분을 깎으면 충분히 달콤한 과일향이 퍼져 나온다. 게다가 제사음

278

식은 조상에게 바치는 것이지만 이것은 상징적인 것이고, 결국 먹는 것은 귀신이 아닌 사람이다. 과일이 못 먹게 버려지는 것을 막기 위해서도 윗부분만 깎는다.

07

요리사는 왜 불편한 높은 모자를 쓸까?

18세기 말경 프랑스의 당대 최고의 요리사인 안토난 카렘이라는 사람이 있었다. 어느 날 밤, 그의 요리를 먹으러 온 손님 중에 키 높은 하얀 모자를 쓴 사람이 있었는데, 그것을 본 안토난은 그 모습이 멋져 보여 주방에서 일하면서 그것과 똑같은 모자를 쓰기 시작했다.

최고의 요리사가 쓴 높은 모자는 그 후, 요리사들의 심벌이 되었다. 실력과 경력이 높은 사람은 점점 더 높은 것을 쓰게 되었는데 최고 35센티나 되는 것도 있었다.

이런 모자 때문에 프랑스에서는 요리사를 가리켜 '그랑보네'(커다란 모자)라는 애칭으로 부른다. 키 작은 요리사들이 좀더 커보이게 하기 위해 모자를 쓰기 시작했다고 하는 설도 있다.

요리사들이 목에 감는 하얀 스카프는 원래는 최고요리사만이 할 수 있었다. 옛날에는 최고요리사만이 냉장고에 들어갈 수 있었는데 추위를 피하기 위해서 목을 감싸야 했기 때문이라고 한다.

08
젖소는 새끼를 낳지 않고도 우유를 만들어 낼까?

인간은 출산한 후에만 모유가 나온다. 젖소의 경우도 마찬가지이다. 젖소 역시 일 년 내내 우유를 생산하는 것이 아니라 송아지를 낳아야만 우유가 나온다.

소의 임신 기간은 약 280일 정도이다. 젖소는 출산 후 약 10개월 동안 우유를 생산한다. 목장에서 송아지가 태어나면 성장을 위해 꼭 필요한 초유를 일주일 정도 마시게 한 후 곧바로 어미 소로부터 떼어내어 대용代用 우유로 기른다. 결국 우리가 마시는 우유는 송아지의 먹이를 가로챈 것이다.

젖소는 하루에 약 25리터, 10개월에 걸쳐 약 7500리터의 우유를 생산한다. 우유가 더 이상 나오지 않게 된 젖소는 2개월 정도를 쉰 후, 다시 임신을 하게 되고 280일 후의 출산을 기다리게 된다. 젖소가 5~6회의 출산을 하고 나면 제 역할을 끝마친다고 한다.

09

**김치냉장고는
어떤 원리로
맛을 지키는 것일까?**

김치 맛은 김치 속에 있는 미생물의 발효 시간에 의해 좌우된다. 발효 시간이 길어질수록 김치의 맛은 시어진다. 같은 재료를 쓰더라도 집집마다 김치의 맛이 다른 것은 김치를 어느 정도 발효시키고 어떤 온도에서 발효시켰느냐에 따라 그 맛이 결정되기 때문이다.

김치의 맛을 변화시키는 것은 미생물이다. 그 미생물의 활동을 멈추게 하면 김치의 발효가 더 이상 진행되지 않게 되고 김치의 맛 또한 변하지 않게 된다.

김치냉장고는 배추나 무가 얼지 않으면서도 미생물이 활동할 수 없는 온도를 찾아 그 온도를 유지함으로써 김치의 발효를 억제하여 맛을 보존시킨다.

10

**시어버린 김치의
맛을 되살리는 방법은
없을까?**

김치를 보관하는 항아리 속에 달걀껍질을 깨끗이 씻은 다음 면 보자기에 싸서 넣어두면 김치가 시는 것을 어느 정도 방지할 수 있다. 이미 시어진 김치에 깨끗이 씻은 조개껍질을 넣어두면 한 나절도 지나지 않아 김치 맛이 돌아온다.

11
식곤증도 질병일까?

음식을 먹은 후 몸이 나른해지고 졸음이 찾아오는 증세가 식곤증이다. 동양의학에서는 비장과 위장이 허약해져서 섭취한 음식물을 소화하기 힘들게 되는 것을 식곤증의 원인으로 보고 있다.

섭취한 음식물을 위에서 소화하고 흡수할 때는 생리적으로 온몸의 혈액이 위와 장으로 집중된다. 이때 비장이 허약한 사람은 뇌로 혈액을 보내지 못한다. 뇌에 혈액이 제대로 보내지지 않으면 뇌에서는 혈액부족 현상이 일어나게 되고 이때 몸은 나른해지고 졸음이 오게 된다. 그래서 위장과 비장이 좋지 않은 사람일수록 식곤증 증세가 심하게 나타난다.

먹는 음식도 식곤증과 관계가 있다. 밥이나 떡처럼 탄수화물이 풍부한 음식을 많이 먹으면 세로토닌 분비량이 증가하기 때문에 감각이 둔해지고 온몸이 나른해지면서 졸음이 많이 온다. 식곤증을 예방하기 위해서는 단백질이 풍부한 음식을 먹는 것이 좋다. 식사량을 줄이면 세로토닌의 양이 감소해 온몸에 생기가 돌고 두뇌 회전도 빨라진다.

식곤증을 예방하려면 인삼, 창출, 신곡 8g씩과 시호 2g을 물 1

백50cc에 넣고 80cc가 남을 때까지 달여, 이를 아침과 저녁에 40cc씩 복용하면 위장과 비장의 기능을 보해 주어 많은 도움이 된다.

12

비타민제는 무엇으로 만들까?

요즈음 웰빙 바람이 불면서 건강에 대한 관심이 무척 높다. 비타민제로 된 음료수를 포함해서 기능성 음료가 잘 팔린다고 한다.

비타민을 가장 싸게 섭취하는 방법은 비타민제를 먹는 것이다. 비타민의 양을 비교한다면 슈퍼에서 파는 야채보다 훨씬 싼 가격에 약국에서 파는 비타민제를 살 수 있다. 야채를 말려서 정제錠劑로 가공하는 과정이 늘어날 텐데 어째서 재료인 야채보다도 쌀까? 그 원료가 야채가 아니기 때문이다. 그럼 비타민제는 대체 무엇으로 만들까?

기본적으로 비타민제는 석유나 포도당의 화학물질로 합성되고 있다. 단, 비타민 A가 생선의 간에서 추출한 지방유로 만들어지는 것처럼 천연 소재로 만든 천연 비타민도 있지만 그 가격은 화학물질로 합성한 비타민보다 훨씬 비싸다.

같은 성분에 효능이 같다고 하더라도 석유에서 뽑아낸 영양분을 먹고 싶은 생각이 없다면 약 포장지를 잘 살펴보고 천연비타민인지 확인할 필요가 있다. 특히 α-토코페롤을 초산 에스테르화하여 만드는 합성 비타민 E는 천연비타민 E와 분자구조가 다르기 때문에 몸에 흡수되지 않는 것으로 알려져 있다.

13

물이 없을 때 술이나 커피, 우유로 약을 먹어도 괜찮을까?

약은 잘못 먹으면 독이 된다는 말이 있다. 약 먹는 습관에 따라 약은 독이 될 수도 있는 만큼 약 먹는 습관이 중요하다. 약의 효능을 제대로 얻기 위해서는 의사나 약사의 복용지시를 잘 따라야 한다.

일반적으로 공복시 약 복용은 흡수가 쉽고 약효는 빠르나 위에 부담을 주는 반면 위에 내용물이 많을 때는 약의 흡수는 늦지만 위에 부담이 적다.

항생제는 일정 농도 이상의 혈중 농도가 유지되어야 병원균을 죽일 수 있기 때문에 정해진 일정시간 간격으로 꾸준히 약을 복용해야 한다. 이를 무시하고 멋대로 약 먹는 시간을 조절한다면 약의 효과를 기대하기 어려울 뿐만 아니라 매우 위험할 수도 있다.

약을 먹을 때는 음식도 가려 먹어야 한다. 어떤 약을 복용하느냐에 따라 피해야 할 음식도 달라지지만 일반적으로 술, 우유, 커피, 이온음료 등은 약과 동시에 먹어서는 안 되는 대표적인 음식물이다. 특히 술은 체내의 모든 대사기능을 저해하는 작용이 있어 약과 함께 복용하면 약의 효과가 지나치게 강해져 인체에 해를 끼치게 되는 경우가 많다.

술에 의해 효과가 강해지는 약에는 해열진통제, 수면제, 정신안정제, 혈당강하제, 간질치료제, 마취제 등이 있다. 아스피린을 술과 함께 먹으면 위와 장에 출혈을 일으킬 수 있다. 당뇨병 치료제는 과도한 혈당저하를 가져오게 된다.

홍차나 녹차를 약과 함께 마시는 일도 주의해야 한다. 차에는 탄닌 성분이 들어 있어 철분과 결합하면 철분 고유의 성분을 변화시킨다. 빈혈 때문에 철분제를 복용하는 사람은 약 복용 후 한 시간 내에는 차를 마시지 않는 것이 좋다.

같은 약이라도 모든 사람에게 똑같은 약효를 가져오는 것도 아니다. 비슷한 증상이라고 해도 질환은 전혀 다를 수 있고 질환이 비슷하다 해도 체질이나 질병의 원인에 따라 치료법에 차이가 날 수 있기 때문이다. 환자의 나이, 성별, 약의 투여 시간, 투여 정도에 따라서도 차이가 날 수 있다.

피로회복이나 건강유지를 위해 비타민제나 영양제 등을 복용할 경우에도 지나치면 부작용이 생길 수 있으므로 보통 사람은 비타민이나 기타 영양소를 음식으로 섭취하는 것이 바람직하다.

14
약을 식후 30분 이내에 먹어야 하는 이유가 있을까?

식후에 먹는 약은 대부분 식후 30분 이내에 먹게 되어 있다. 그 이유는 위 속이 비어 있으면 약이 위나 장의 점막을 자극하기 때문인데,

사실은 더 중요한 이유가 있다. 그것은 약 먹는 것을 잊지 않게 하기 위해서이다.

하루 3회의 식사를 잊는 경우는 별로 없다. 약 먹는 시간을 식사 때에 맞추어 둔다면 아무리 잘 잊어버리는 사람도 깜빡 잊고 약 먹는 것을 잊게 되는 일을 피할 수 있기 때문이다.

15

녹차를 진하게 마시면 몸에 해로울까?

진한 녹차나 진한 홍차는 칼슘의 흡수를 방해하기 때문에 연하게 마시는 것이 좋다. 식후에 바로 마시는 녹차는 음식을 통해 몸 속에 들어간 철분과 칼슘 등 무기질의 흡수를 떨어뜨린다. 차는 식사 후 1시간 정도 지난 뒤에 마시는 것이 좋다.

너무 진하거나 과도하게 마시지만 않는다면 녹차에는 각종 비타민과 미네랄 등 꼭 필요로 하는 다양한 영양소와 양질의 카페인까지 들어 있어 혈액순환을 원활하게 하고 피로를 가시게 하는 좋은 음료이다. 녹차에 풍부한 칼륨, 칼슘, 마그네슘, 망간, 아연 등의 미네랄은 인슐린의 작용을 도와주며, 녹차의 각성작용은 과도한 스트레스로 인한 내분비계의 장애를 개선시켜 주기도 한다.

당뇨병이 있는 경우 녹차의 폴리페놀 성분이 체지방의 대사와 배설을 촉진하고 혈전의 생성을 방지하며 콜레스테롤의 수치를 낮

추는 작용을 한다.

16

프로이드가 많은 사람을 코카인 중독자로 만들었다는 말이 사실일까?

지그문트 프로이드는 정신분석학자로 심리학과 정신과 의학 발전에 엄청난 공을 세운 사람이다. 프로이드는 정신분석학자가 되기 이전에 코카인을 최초로 국부 마취에 이용함으로써 신경학 분야에서 큰 업적을 남겼다.

하지만 코카인의 효능에 매료된 프로이드가 경미한 통증을 가진 환자에게도 마구 처방함으로써 유럽 전역에 코카인 중독자를 많이 만들었다고 한다. 당시 코카인의 중독성은 아직 알려지지 않았던 때였다.

17

한약을 복용할 때 무를 먹으면 정말로 머리가 하얗게 될까?

머리가 하얗게 되지는 않는다. 한약재 중에 흔하게 쓰이는 약재 가운데 숙지황이라는 것이 있다. 숙지황은 치료약, 보약을 막론하고 감초만큼이나 많이 쓰인다. 숙지황과 무는 서로 상극관계에 있다. 무를 먹으면 숙지황의 약효가 그만큼 줄어들게 된다. 그래서 숙지황이 들어 있는 한약을 먹을 때 무를 먹으면 안 되는 것인데, 아마도 잘 지켜지지 않았던 모양이다. 누군가 숙지황을 처방한 약을 복용하면서 무를 먹으면 머리가 백발로 변하는 부작용이 있다는 말을 해서 퍼진 헛소문일 뿐이다.

18
세계에서 가장 오래된 쌀이 우리나라에서 발견되었다는 것이 사실일까?

세계에서 가장 오래된 쌀이 우리나라에서 발견되었다. 충북대학교 이융조 교수와 우종윤 교수는 충청북도 소로리 발굴 현장에서 경작된 것으로 보이는 한 줌의 볍씨를 발견했다. 탄화된 59개의 볍씨는 방사성 동위원소 연대측정 결과 1만5천 년 전의 것이었다. 중국에서 발견된 1만2천 년 전의 볍씨보다 3천 년 이상 앞선 것이었다. 고대의 쌀과 현재 생산되는 쌀은 DNA가 다르다. 과학자들은 DNA 연구를 통해 쌀의 진화 과정을 알아낼 수 있다고 한다.

19
쌀벌레를 없앨 수는 없을까?

쌀벌레가 생기는 것을 방지하려면 붉은 고추나 마늘, 숯을 쌀통에 넣어두는 것이 좋다. 쌀을 냉동실에서 2~3일간 보관했다가 쌀통에 넣어도 효과가 있다.

20
바나나는 냉장고에 넣지 말라는데 왜 그럴까?

과일은 차게 해서 먹으면 맛이 훨씬 달게 느껴진다. 과일의 단맛은 주로 포도당과 과당에 의한 것으로, 온도가 낮을수록 단맛이 강하게 느껴지기 때문이다. 5℃일 때가 30℃일 때보다 약 20%나 단맛을 더 느낄 수 있다. 반면 신맛은 온도가 낮을수록 약해지므로 과일은 차게 해서 먹는 것이 훨씬 맛있게 먹는 방법이다. 차게 한다고 해도 10℃전후의 온도가 적절하다. 너무 차게 하면 향기가 없어지고 혀의 감각도 마비되어 단맛을 제대로 느낄 수 없게 된다. 먹기 2~3시간 전 냉장고에 넣어 두는 것이 적당하다.

그러나 바나나는 예외이다. 바나나는 냉장하면 검게 변색되고 빨리 썩는다. 바나나를 냉장고에 넣어두면 껍질에 검은 반점이 생기고, 과육이 검게 변하고 만다. 파인애플, 망고, 파파야 등 주로 아열대나 열대과일은 대개 이런 현상을 보인다. 생장 조건이 열대 조건에 맞추어져 있기 때문이다. 단맛이나 과일의 최적 조건이 그 온도에 맞게 맞추어져 있으므로 차갑게 하면 오히려 역효과를 내게 된다. 이들 과일은 1시간 이상 냉장고에 넣어두지 않는 것이 좋다.

21

파인애플은 사과의 일종일까?

파인애플이라는 말에는 두 가지의 단어가 숨어 있다. '파인'과 '애플'이다. 파인트리pine tree는 영어로 소나무를 말한다. 파인애플의 열매가 솔방울과 비슷하게 생겼기 때문에 파인이란 단어가 쓰이게 되었다. 그럼 왜 애플이라고 할까? 애플이 유럽의 대표적인 과일이었기 때문이다. 곧 파인애플은 소나무에 열리는 사과가 아니라 '솔방울처럼 생긴 과일'이라는 뜻으로 지어진 이름이다.

22

레드 와인과 땅콩을 즐기면 오래 살 수 있다는 것이 사실일까?

대부분의 사람들은 장수하고 싶어 한다. 그렇기 때문에 과학자들은 수명을 연장시키는 성분들을 찾아내려는 연구를 계속하고 있다. 연구 결과 '레스베라트롤 Resveratrol'이라는 물질이 수명 연장에 크게 작용한다는 사실을 알아내게 되었다. 미국의 하버드 의대 병리학 교수인 데이비드 싱클레어 박사팀은 효모 실험을 통해 레스베라트롤이 단세포 동물인 효모의 수명을 70%까지 연장시킨다는 사실을 밝혀냈다.

몇 년 전 쥐의 실험을 통해 저칼로리 음식이 수명을 30~50% 정

도 연장시키는 효과가 있다는 사실이 입증되었는데, 레스베라트롤은 저칼로리 음식과 흡사한 효능을 가지고 있다.

싱클레어 박사는 레스베라트롤이 쥐의 실험을 통해 수명연장의 효과가 입증되면 쥐와 유전자 구조가 비슷한 사람에게도 적용될 수 있을 것으로 전망하고 있다. 물론 생명을 연장시키는 요인은 여러 가지가 있을 수는 있지만 이 실험이 입증된다면 사람의 생명도 3분의 1만큼 더 연장할 수 있을지 모른다고 한다.

레스베라트롤 성분이 레드 와인에 많이 들어 있다는 사실이 알려지면서 와인 바람이 불고 있는데, 레스베라트롤은 레드 와인뿐만 아니라 땅콩에도 들어 있다고 한다.

23
감자는 왜 몸에 좋을까?

감자에는 아무리 뜨거운 열에도 파괴되지 않는 비타민 C가 들어 있다.

유럽에서는 다양한 요리의 재료가 되는 감자를 주식으로 먹는다. 하지만 감자의 싹에는 식중독을 일으키는 솔라닌이 들어 있어서 주의해야 한다.

24

음식의 대부분은 수분으로 만들어져 있다는 것이 사실일까?

우리가 먹는 음식은 대부분 수분으로 이루어져 있다. 오이는 96%가 물이다. 수박은 92%, 우유는 87%, 사과는 84%, 감자는 78%, 쇠고기는 74%, 치즈는 40%, 빵은 35%의 물이 들어 있다. 뿐만 아니라 우리 몸의 70%는 수분이다.

25

찬물도 정말 체할까?

'찬물도 체한다'는 속담은 무슨 일이든 급하게 서둘지 말라는 뜻을 표현한 말이다. 그렇다면 정말 찬물도 체할까?

흔히 체한다고 말하는 상태는 위장에서 음식물이 소화되지 못하고 그대로 정체되어 있는 것을 말한다. 음식물이 소화가 되지 않고 정체되면 위는 계속해서 많은 위액을 분비하면서 쉬지 않고 운동을 하게 된다. 체했을 때 속이 더부룩하고 답답하다고 느끼는 것은 이 때문이다. 심하게 체하면 구토를 하게 되는데 위장이 제 역할을 다 할 수 없게 되어 음식물을 밖으로 내보내게 된다.

갑자기 찬물을 많이 마시면 체할 수도 있다. 너무 차가운 물이 갑자기 많이 들어가면 위 운동에 부담을 주게 되어 다른 음식물들이 소화되는 것을 방해할 수 있기 때문이다.

26
시금치에는 정말로 철분이 많이 들어 있을까?

식품 100g당 철분 함량을 보면 시금치의 철분 함량이 특별히 높지는 않다. 익힌 시금치에는 2.2mg, 날것에는 2.6mg 정도 들어 있는데, 계란의 2.2mg과 비슷한 정도이다. 철분이 가장 많이 들어 있는 것으로 알려진 것은 견과류인 피스타치오로 7.3mg이 들어 있다.

그럼 왜 시금치에 철분이 많이 들어 있다는 오해가 생겼을까?

그것은 처음 성분 분석결과를 발표할 때 타이핑을 잘못했기 때문이다. 타자수가 실수로 소수점을 한 자리 지나쳐서 찍는 바람에 시금치의 철분함량이 10배로 불어나게 되었다. 이 실수는 이미 1930년대에 바로잡았지만, 지금까지 많은 사람들의 머릿속에는 시금치의 철분 함량이 높은 것으로 각인되어 남아 있다고 한다.

<table>
<tr><td>

27

**올리브유보다
콩기름이 더 좋다는
것이 사실일까?**

</td><td>

지중해 사람들은 동물성
기름보다는 올리브유를 많
이 사용한다. 동물성기름을
많이 쓰는 다른 서양요리에
비해 지중해요리가 건강에
훨씬 좋다고 알려져 있다.

</td></tr>
</table>

올리브유가 심근경색이나 동맥경화를 예방한다고 알려져 있는 이
유는 불포화지방산이 많이 들어 있기 때문이다. 그런 까닭에 몸에
가장 좋은 기름으로 알려져 있지만 사실 불포화지방산은 엉겅퀴,
해바라기씨기름이나 콩기름에 훨씬 더 많이 들어 있다.

<table>
<tr><td>

28

**시들시들해진 야채로
신선한 샐러드를
만들 수는 없을까?**

</td><td>

시들시들해진 야채를 맛
이 약간 느껴지는 정도의 설
탕과 식초를 묽게 탄 물에
10~15분 정도 담가두면 샐
러드로 사용해도 손색이 없
을 정도로 싱싱함이 되살아

</td></tr>
</table>

난다.

29

자장면을 먹을 때 사람에 따라 왜 물이 많이 생기거나 생기지 않는 걸까?

자장은 점성을 좋게 하기 위해 녹말을 사용한다. 녹말은 침 속에 있는 효소 아밀라제를 만나면 분해되고 만다.

자장면을 먹을 때 어떤 사람은 젓가락으로 집은 면을 한번에 입에 다 넣는다. 어떤 사람은 한 면을 입에 넣고는 면을 이로 자르면서 먹는다. 자장면에 침이 묻게 되면 그 면이 다시 그릇으로 들어가게 된다. 면에 묻어 있는 침이 자장의 녹말을 분해하여 점성을 잃고 물같이 되는 것이다. 시간이 흐를수록 분해 정도가 많아지면서 자장을 다 먹어 갈 무렵에는 잘라 먹는 사람의 그릇에는 물이 많이 생기게 된다.

30

아이스크림을 먹으면 더 더워진다는 것이 사실일까?

해가 쨍쨍 내려쬐는 더운 여름날 아이스크림을 먹으면 매우 시원하게 느껴진다. 하지만 아이스크림은 우리의 몸을 시원하게 해주는 것이 아니라 덥게 만드는 식품이다. 입 안에서는 차갑기 때문에 시원함을 느끼게 해주지만, 아이스크림은 열량이 매우 높은 식품이라서 몸 속에 들어가면 열을 내게 하여 몸을 더욱 더워지게 한다. 아이스크림은 여름이 아니라 겨울에 먹는 음식이라는 말씀.

31
나폴레옹이 통조림을 만들었다는 것이 사실일까?

나폴레옹 장군은 군인들이 배고픔을 느끼면 진군할 수 없다고 생각했다. 1795년 그는 보병들이 진군 중에도 걸으면서 먹을 수 있는 음식을 보관하는 방법을 찾아내는 사람에게 포상을 하겠다고 발표했다. 프랑스의 발명가인 니콜라스 아페르트는 음식을 깡통 속에 넣어 저장하는 방법으로 나폴레옹에게 상과 상금을 받았다. 이것이 오늘날 현대 사회에서 없어서는 안 될 가공식품인 통조림 음식의 원조가 되었다.

통조림은 나폴레옹이 만든 것이 아니라 나폴레옹이 만들 계기를 마련했기 때문에 개발될 수 있었다.

32
팝콘은 튀긴 옥수수가 아니라는 것이 사실일까?

보통 팝콘은 옥수수를 튀긴 음식이라고 생각하기 쉽다. 그러나 이것은 틀린 생각이다. 팝콘은 옥수수의 한 종류일 뿐이다. 모든 옥수수를 다 팝콘처럼 튀길 수는 없다. 단지 팝콘만이 팝콘으로 튀겨진다.

33

생선은 어디에
비타민이 많을까?

생선을 먹을 때 살만 발라 먹고 껍질은 그대로 남기는 사람이 더러 있는데 건강과 미용을 위해서 껍질까지 먹는 것이 좋다.

생선의 껍질은 비타민 B_2의 보고寶庫이기 때문이다. 비타민 B_2는 성장을 촉진하고 건강한 머리칼과 아름다운 피부를 만드는 작용을 한다. 비타민 B_2가 결핍되면 입 안이 잘 헐고 눈이 충혈되어 침침해진다. 또 머리털이 푸석푸석하고 손톱도 약해져 잘 부러지며 피부도 거칠어진다.

생선 종류에 따라 약간의 차이가 있기는 하지만, 일반적으로 생선살보다는 껍질에 2~3배의 비타민 B_2가 함유되어 있다. 또한 같은 껍질이라도 등처럼 색이 짙은 부분에는 보다 많은 비타민 B_2가 포함되어 있다. 고등어는 색이 흰 배 부분에 비해 검푸른 등껍질의 비타민 함유량이 60배나 된다고 한다.

34

비린내 없이
생선찌개
끓이는 방법은 없을까?

깨끗이 손질한 생선이라도 비린내가 나면 음식맛이 역해진다. 끓이기 전에 팔팔 끓는 물을 생선에 살짝 끼얹으면 비린내도 가시고 국물이 깔끔해진다.

생선찌개를 끓였는데 비린내가 난다면 불을 끄기 전 식초를 조금 넣거나 된장을 조금 풀어 마무리를 하면 역한 비린내가 많이 사라진다. 혹은 소금 간을 한 국물을 먼저 팔팔 끓인 후 생선을 넣어 조리를 해도 비린내를 많이 없앨 수 있다.

생선을 구울 때도 껍질에 식초를 바르면 껍질이 벗겨지지 않고 제 모양대로 구울 수 있다.

35

겨자를 먹고 너무 매워서 쩔쩔 맬 때가 많은데 어떻게 하면 좋을까?

무더운 여름에 자주 찾게 되는 냉면을 먹으면서 겨자를 넣지 않으면 제 맛이 나지 않는다. 고기를 먹거나 회를 먹을 때에도 겨자는 입맛을 돋우는 역할을 한다. 하지만 겨자를 얼마나 넣어 먹을까를 놓고 늘 망설이게 된다. 겨자의 매운맛이 심하면 고통스럽기 때문이다.

겨자의 매운맛이 코를 쏘아 눈물이 나면서 혀가 아릴 때는 콜라를 비롯한 탄산음료를 마시면 겨자의 매운맛이 금방 사라진다. 겨자의 매운 성분은 탄산에 약하기 때문이다. 탄산음료 중에서도 탄산이 가장 강한 음료수는 콜라이다. 콜라를 마시면 그 효과는 더좋아진다.

36

다시마는 정말
해독작용을 할까?

다시마는 변비에 효과가 있다고 알려져 있지만 그 자체로도 영양 덩어리이다. 말린 다시마에는 단백질 7%, 지방 0.5%, 당분 44%, 무기질 28%가 들어 있다. 요오드와 비타민 C가 풍부한 것으로 알려진 다시마에는 무기질, 특히 칼슘과 철이 풍부하게 들어 있다. 다시마의 칼슘은 소화흡수가 대단히 잘 되는 것으로 유명하다. 다시마 단백질의 주성분은 글루타민산으로 감칠맛을 내는 조미료 역할을 한다. 다시마가 변비에 좋은 이유는 다시마에 알긴산이라는 당질이 20% 가량이나 들어 있기 때문이다. 알긴산은 거의 소화가 되지 않으면서 장의 연동 운동을 돕는다. 게다가 알긴산은 공해, 중금속, 농약에 노출될 때 생기는 하이드록시라디칼이나 수퍼옥시드라디칼 등의 활성산소 흡수에 의한 과산화지질 생성을 효과적으로 억제하는 역할도 한다.

37

음식에도
상극이 있을까?

· 멸치와 시금치 : 시금치의 수산은 멸치의 칼슘 흡수율을 떨어뜨린다. 멸치는 대표적인 칼슘 공급원으로 성장기 어린이와 노인에게 특히 권장할 만한 식품이다.

마른 멸치의 경우 볶음과 튀김으로 만들어 도시락 반찬이나 밑반찬, 술안주로 이용되며 생멸치의 경우 젓갈로 담아 김치에 이용되기도 한다. 이러한 멸치를 수산이 많이 들어 있는 시금치와 함께 먹으면 칼슘 흡수를 방해하여 칼슘 섭취를 제대로 할 수 없게 된다. 대신 우유나 유제품과 함께 먹으면 칼슘 흡수율을 배로 높일 수 있으므로 기억해 두면 좋다.

· 바지락과 우엉 : 바지락은 철이 많이 들어 있어 빈혈 예방에 효과적인 조개류에 속하는 식품이다. 우엉의 섬유질은 바지락의 철분 흡수율을 떨어뜨린다. 철분 흡수는 칼슘이 도와주므로 우유나 유제품, 뼈째 먹는 생선을 함께 먹는 것이 좋다.

· 문어와 고사리 : 문어는 타우린이 들어 있어 시력보호와 회복에 효과적이며 고단백의 영양 식품이지만 소화가 안 되는 단점이 있다. 고사리도 섬유질이 많이 들어 있어 소화가 잘 안 되는 식품이다. 사람에 따라 위장의 소화력과 치아의 견고성에 따라 소화능력이 조금씩 다르지만 되도록이면 함께 섭취하는 것을 피하는 것이 좋다.

· 미역과 파 : 미역은 칼슘과 요오드가 풍부하고 칼로리도 낮아 건강과 미용에 좋은 해조류로 잘 알려져 있다. 미역의 표면에 많은 미끌미끌한 알긴산은 우리 몸에 콜레스테롤이 쌓이는 것을 예방하고 몸 속에 들어온 유해물질과 결합하여 그것을 몸 밖으로 배출시키는 효과가 있다. 파를 미역 요리에 넣으면 미역이 갖는 흡착력을 떨어뜨리고 지나치게 미끌미끌한 질감이 생겨 맛도 없게 된다. 미

역으로 무침이나 국을 끓일 때 파는 넣지 않는다.

· 장어와 복숭아 : 장어는 고단백 고영양 식품으로 대표적인 강장식품이다. 보통 조림이나 구이로 만들어 먹는데, 장어를 먹은 다음 복숭아를 먹으면 설사하기가 쉽다. 장어의 21%를 차지하고 있는 지방이 복숭아의 유기산에 의해 소화를 방해받기 때문이다. 장어 요리를 먹은 다음 복숭아는 피하는 것이 좋다.

38
먼지를 많이 마셨을 때 돼지 삼겹살을 먹으면 정말 좋을까?

어느 정도 도움이 되는 것이 사실이다. 돼지고기는 지방질이 많고, 삼겹살의 경우는 40% 이상이 지방으로 되어 있다. 지방 중 불포화지방산은 폐에 쌓인 공해물질, 특히 탄산가스를 중화시켜준다. 진폐증에 걸리기 쉬운 작업장에서 일하는 사람들이 습관적으로 돼지고기를 안주삼아 소주를 마시는 것도 그 때문이다. 황사현상을 겪는 중국 사람들이 미세한 먼지 공해 속에서도 건강을 유지할 수 있었던 것도 돼지고기를 즐겨 먹는 식생활과 관계가 깊다고 할 수 있다.

39

고기 먹고 체했을 때 파인애플을 먹으면 도움이 된다고 하는데 사실일까?

파인애플은 고기를 연하게 하고 연육작용을 해주기 때문에 고기 먹고 체했을 때 파인애플을 먹으면 소화가 잘 되고 얹혔던 것도 금방 내려가게 된다. 갈비나 불고기 등을 양념할 때 육질을 연하게 하기 위해서 파인애플을 사용하는 경우 아주 소량만 사용해야 한다. 파인애플의 연육작용이 너무 강해서 고기가 모두 으깨질 수도 있기 때문이다.

배도 연육작용을 하는데, 배는 파인애플보다 연육작용이 약하므로 좀더 많은 양을 사용해도 괜찮다.

40

인간은 언제부터 마늘을 먹었을까?

우리나라 음식에는 마늘이 꼭 들어간다. 약 4천5백 년 전의 고대 이집트 사람들도 마늘을 먹었다. 피라미드를 건설하는 노동자들은 건강을 유지하기 위해 마늘과 양파를 배급받아 먹었다고 한다.

41

라면의 역사는 어떻게 시작되었을까?

라면은 면을 기름에 튀긴 것이다. 라면의 원조는 중국이다.

일본이 중일전쟁(1937~ 1945)에서 챙긴 전리품의 하나가 라면이었다고 한다.

일설에 의하면 라면은 중일전쟁 당시 중국군의 전투비상식량으로 사용되었는데, 일본군에게 생포된 중국군 포로들의 짐꾸러미에서 라면이 발견되었다. 중국에는 예로부터 기름에 튀긴 요리가 발달했다. 중국인들은 식품을 튀기게 되면 식품이 건조되어 저장성이 좋아진다는 것을 잘 알고 있었다. 라면이 중국 군인들의 비상식량이었던 것은 수분이 적어 가볍고, 오래 보관할 수 있을 뿐만 아니라 기름을 함유한 고칼로리 식품으로 급할 때는 끓이지 않고 과자처럼 먹을 수 있기 때문이었다. 튀김라면은 비상식량, 전쟁식량으로서의 가치를 인정받으며 일본으로 전파되어 현재의 라면으로 발전되었다.

우리나라 라면의 생일은 1963년 9월 15일이다. 식량부족으로 절대 빈곤에 처해 있던 1963년 9월 삼양식품이 일본으로부터 기술을 도입하여 '치킨라면'을 처음 선보였다. 그 후 2년 뒤인 1965년 롯데공업(현재의 농심)에서 롯데라면을 생산하면서 국내 라면시장이 크게 늘어나기 시작했다. 뒤이어 신한제분의 닭라면, 동방유량의 해표라면, 풍년식품의 뉴라면, 풍국제면의 아리랑라면 등이 생산되었으나 1969년에 이르러 농심과 삼양의 2개사 체제로 압축되었다.

1983년까지 농심과 삼양의 2개사에 의해 14년간 주도되어 오던 라면업계에 한국야쿠르트가, 1986년에는 빙그레, 1987년 12월에는 오뚜기라면 등이 합류하면서 지금과 같은 라면시장이 형성되었다.

42
라면국물에 밥을 말아 먹을 때 왜 뜨거운 밥보다 찬밥이 더 좋을까?

따뜻한 밥을 라면 국물에 말게 되면 삼투압 현상이 훨씬 빨리 일어난다. 라면 국물이 밥 알갱이 안으로 스며들게 되고, 밥 알갱이 안에 있던 밥의 수분은 밖으로 밀려나오게 된다. 삼투압 현상에 의해 밥알의 수분이 밖으로 빠져나와 라면국물과 섞이게 되면 라면 국물이 싱거워지면서 제 맛을 잃게 된다. 하지만 찬밥은 어느 정도 수분이 날아가고, 표면이 말라 있는 상태여서 라면 국물에 밥을 말더라도 라면의 국물이 쉽게 밥 알갱이 안으로 침투하지 못한다. 따뜻한 밥에 비해 라면 국물 맛의 변화가 적은 상태에서 밥을 먹을 수 있게 된다.

<table>
<tr><td>

43

토마토케첩의
원조는 어딜까?

</td><td>

중국이다. 19세기 미국의
샌프란시스코에는 중국에
서 많은 노동자들이 이주해
왔다. 주로 철도 건설에 투
입된 중국인 노동자들은 토
마토소스인 케치압ketsiap을

</td></tr>
</table>

먹었다. 독일에서 이주한 헨리 존 하인즈Henry John Heinz라는 사
람이 1869년에 25세의 나이에 그 소스를 보고는 상품화하여 대량
생산을 하기 시작했다. 우리 모두가 미국에서 발명된 것으로 알고
있는 토마토케첩은 원래 중국음식이다.

<table>
<tr><td>

44

우유가 주사약으로
쓰인 적이 있다는데
정말일까?

</td><td>

1873년부터 약 7년 동안
미국에서는 의사들이 피 대
신에 우유로 수혈하는 치료
방법을 썼다. 중환자들의 정
맥에 주사된 우유는 과연 효
과를 내기는 했을까? 일부

</td></tr>
</table>

는 악화되어 목숨을 잃기도 했지만, 우유정맥주사를 맞고 병이 나
은 사람들이 실제로 있었다고 한다. 이 새로운 치료법은 1880년대
에 들어서면서 완전히 없어지고 말았다.

제 9 장

알려지지 않은 운동경기의 비밀 속으로!
스포츠 잡학

01

마라톤은 누가
고안해 낸 것일까?

올림픽의 꽃이라고 할 수 있는 마라톤은 근대 올림픽과 동시에 탄생했다.

기원전 490년, 아테네 군은 마라톤 전쟁에서 단 1만 명의 군사로 10만 명의 페르시아 군을 상대로 하여 승리를 거두었다. 한 젊은이가 아테네 시민에게 승전소식을 한시라도 빨리 전하기 위해 마라톤에서 아테네까지 전령이 되어 달려왔다. 그 젊은이는 아테네의 아고라(광장)에 도착함과 동시에 "우리는 승리했다"고 외치고 그 자리에서 숨을 거두었다고 한다.

근대 올림픽의 창시자인 피에르 드 쿠베르탱 남작은 이 이야기를 친구인 코레쥬 드 프랑스의 교수 미셸 브레알로부터 듣고 제1회 근대 올림픽의 개최지인 아테네에 경의를 표하기 위해 마라톤에서 아테네까지의 장거리를 달리는 경주를 올림픽 공식경기로 채택했다. 그 이후 마라톤은 올림픽의 마지막 경기로 자리잡았고, 한 번도 거르지 않고 행해져 오고 있다. 남자들만의 성역이었던 마라톤 종목에 여자 마라톤 경기가 최초로 올림픽대회에서 행해지게 된 것은 1984년 로스앤젤레스 올림픽에서부터이다.

02

올림픽의 금메달은 정말 금일까?

운동선수들의 꿈은 올림픽에서 우승하여 금메달을 받는 것이다. 다양한 종목에서 많은 상금을 걸고 있지만, 올림픽의 금메달은 그 이상의 가치가 있기 때문이다. 세계 최고의 운동선수라는 명예를 얻을 뿐만 아니라 자신의 조국에게도 금메달을 안겨줄 수 있다. 올림픽에서는 최고의 성적을 거둔 선수들의 목에 금메달, 은메달, 동메달을 걸어준다. 3위에 입상한 선수에게는 브론즈 메달, 즉 구리와 주석으로 합금한 청동 메달이 주어진다. 2위 입상자에게는 순은 메달을 걸어준다. 그렇다면 최고의 선수인 1위 입상자에게 주어지는 금메달은 순금일까?

올림픽위원회가 규정한 금메달은 순은(순도 1000분의 925 은)제 메달에 6그램의 순금으로 충분하게 도금해 사용한다.

03

농구선수의 등 번호에는 1, 2, 3번이 정말 없을까?

스포츠 선수의 유니폼에 붙어 있는 등 번호는 나름대로 의미가 있다.

럭비에서 1번에서 4번까지의 등 번호는 각각 플레이어의 포지션을 분명히 나타낸다. 프로 야구는 등 번호가 그 선수의 얼굴인 경우가 적지 않다.

농구의 경우 1~3번까지의 등 번호가 없는 까닭은 국제농구연맹의 규정에 선수의 등 번호는 4번부터 연번으로 15번까지(등록선수가 12명이므로)로 정해져 있기 때문이다. 농구의 규칙에는 3초 룰과 같이 1에서 3까지의 숫자가 관련된 룰이 많다. 심판은 선수가 룰을 위반할 때마다 몇 번 선수가 어떤 룰을 위반했는지를 손가락을 사용해 표시하게 된다. 손가락을 사용해 표시하는 것은 언어가 다른 국가 간의 경기에서 혼란을 피할 수 있는 방법이기 때문이다. 등 번호와 룰의 숫자가 같으면 혼란이 생길 수 있기 때문에 1~3번까지의 등 번호는 사용하지 않는다. 이 규정은 올림픽이나 세계선수권 등의 국제대회에서만 적용된다.

미국에서 인기 있는 NBA나 NCAA에서는 등 번호에 관한 특별한 규정이 없다. 마이클 조던은 노스캐롤라이나 주립대학 시절부터 줄곧 등 번호 23을 달고 있으며 필라델피아 세븐티식서스의 앨런 아이버슨의 등 번호는 3번이다.

04

왜 야구의 스트라이크를 K, 삼진왕을 닥터 K라고 할까?

1860년대 뉴욕 헤럴드지의 M. J. 켈리 기자에 의해 쓰이기 시작했던 스트라이크 아웃, 즉 삼진을 뜻하는 단어의 기록용 이니셜이 K이다. 삼진struck out의 이니셜은 S이지만 희생타sacrifice hit의 S와 중복되기 때문에 스트럭

struck의 끝 글자인 K를 부호로 쓴 것이다. Doctor에는 의사 말고도 박사 혹은 전문가의 뜻도 있다. 즉, Dr. K(닥터 K)란 탈삼진 전문가를 의미하는 말이다.

05

러닝머신이 정말 고문용 도구였을까?

러닝머신은 발판이 벨트로 되어 있다. 벨트가 회전하면서 그 위를 달리도록 만들어졌다. 밖에 나가지 않고도 달리기 운동을 할 수 있게 한 러닝머신은 원래 사람의 건강을 위해서 만들어진 것이 아니라 사람을 힘들게 하기 위해 고문용으로 만들어졌다.

19세기 초에 영국의 감옥에는 '계단차'라고 하는 것이 있었다. 원통의 바깥이 물레방아처럼 계단으로 되어 있었는데 죄수들은 회전하는 그 계단을 걸어야 했다. 1865년의 영국 감옥법에 의하면 16세 이상의 죄수는 감옥에 들어가면 처음 3개월 동안 꼭 그 '계단차'를 걸어야만 했다. 20세기에 들어와서 '계단차'는 감옥에서 자취를 감추었다.

그러나 그것을 모델로 실내용 러닝머신이 생겨나 현대인들이 지방을 빼기 위해서 땀을 흘리면서 달리고 있다.

번지점프의 '번지' 란 무슨 뜻일까?

번지를 알파벳으로 쓰면 'bungee' 또는 'bungy'이다. 앞의 번지bungee는 영국이나 미국에서 사용되는 말이고, 뒤의 번지bungy는 주로 뉴질랜드에서 쓰이는 말이다. 둘 다 모두 '사람의 몸을 묶는 신축성이 있는 밧줄'이라는 뜻을 가졌다.

번지점프는 남태평양에 있는 섬의 원주민이 행해 온 전통행사에서 유래했다. 발목에 덩굴을 감아 묶고 야자나무에서 뛰어내리는 것으로 매우 위험하기 때문에 담력이 필요하다. 수백 년 전부터 행해 온 원주민의 번지점프는 관광상품이 되었다고 한다.

1954년에 『내셔널 지오그래픽』지에 발표된 번지점프는 1980년대 이후에 뉴질랜드에서 상업화된 놀이가 되었고, 세계로 수출되었다. 뉴질랜드에서는 계곡의 다리를 이용해 번지점프를 시작했으며 그 후, 점점 전세계로 퍼져 나가 다른 유원지의 놀이기구와 같이 고층 빌딩이나 전용 타워를 세워 행해지는 인기오락의 하나가 되었다.

사용되는 번지도 다양하여 원조인 뉴질랜드에서는 강력한 고무 밧줄을 사용한다. 이것은 미국 등에서 자주 사용되고 있는 고무를 속에 넣은 밧줄보다는 신축성이나 반발력이 모두 커서 2회에서 3회의 큰 바운드를 즐길 수 있다.

테니스에서는 왜 '제로'를 '러브'라고 할까?

테니스의 포인트를 세는 방식은 특이하다. 그 중에서도 '제로'를 '러브'라고 부르는 경기는 테니스뿐이다.

테니스라는 스포츠는 프랑스에서 탄생했다. 제로를 러브라고 부르게 된 이유는 프랑스어이기 때문이라는 설이 가장 유력하다. '제로' 모습이 달걀과 비슷한 것에서 달걀을 의미하는 프랑스어의 l'oeuf라는 발음이 어원이 되었고 그것이 바뀌어 영어에서 '러브'로 불리게 되었다. 플레이어의 점수가 40대 40이 되었을 때 '듀스'라고 하는데 영어의 deuce는 프랑스어로 2를 나타내는 deux와 그 어원이 같다.

세계 4대 대회 중 전全프랑스 오픈만은 모두 프랑스어로 카운트한다.

볼링의 스트라이크 연속 3회를 왜 '터키'라고 할까?

터키Turkey는 영어로 칠면조라는 뜻이다. 17세기경 많은 네덜란드 사람들이 미국으로 이주했다. 그들은 본국에서 즐기던 볼링을 신대륙에서도 즐겼다. 신대륙에는 아메리칸 인디언들이 살고 있었는데, 이 원주민들의 활쏘기 실

력은 매우 뛰어나서 화
살촉 하나로 야생 칠면
조 세 마리를 잡았다.
이를 보고 놀란 네덜란
드 이주민들이 볼링을
칠 때, 스트라이크를

연속 3회를 하면 '터키'라고 소리질렀다. 그만큼 연속 3회의 스트
라이크는 힘든 일이라는 말이다.

09
골프공의 표면은 왜 곰보처럼 많은 홈이 파여 있을까?

구기종목 가운데 골프는
탁구와 함께 가장 작은 공을
사용하는 스포츠이다. 골프
공의 표면에는 많은 홈이 파
여 있다. 딤플이라고 불리는
이 홈은 멋으로 만든 것이

아니다. 이 파인 자국은 공의 비행거리와 관계가 있다. 클럽으로
친 공은 회전하면서 날아가는데, 이때 딤플이 공기의 저항을 줄이
는 효과를 내게 된다.

게다가 공 주위의 공기흐름을 양력(뜨는 힘)으로 바꾸는 역할을
하므로 공의 비거리는 훨씬 늘어난다. 골프메이커의 실험에 의하
면 딤플이 있는 공과 표면이 매끈한 공은 비거리가 3배 이상이나
차이가 난다고 한다.

10

럭비공은
왜 동그랗지 않을까?

럭비공은 길쭉하게 생겨서 땅에 바운드될 때 어디로 튈지 감을 잡기가 어렵다. 다른 종목과는 다르게 생긴 럭비공은 어쩌다가 그렇게 만들어졌을까?

초기의 럭비공은 꽤 무거웠다고 한다. 무거운 공에 지친 영국의 럭비학교 학생들이 가볍고 잘 튀는 볼을 만들어달라고 제작업자에게 의뢰했다. 제작업자는 시험삼아 돼지의 방광에 바람을 넣어 튜브처럼 만들었는데, 아주 가볍고 잘 튀는 공이 되었다. 그러나 돼지의 방광은 길기 때문에 어떻게 하여도 동그랗게 되지 않고 길쭉한 모양의 공이 되었다. 지금의 럭비공이 길쭉한 모양이 된 것은 처음에 돼지 방광으로 만들었기 때문이다.

11

NBA의 마이클 조던은 원래
나이키가 아니라 아디다스를
신었다는 게 사실일까?

미국 프로농구 리그의 인기선수 마이클 조던은 나이키 광고 모델로도 유명하다. 그가 신는 신발의 모델은 프리미엄이 붙을 정도로 세계적인 인기상품이 되곤 했다.

그렇지만 조던은 나이키사와 광고 모델 계약을 하기 전까지 나이키를 신은 적이 없었다. 시합 중에는 캔버스를 신었다. 캔버스

는 노스캐롤라이나North Carolina 대학의 유니폼 브랜드였으며, 연습 중에는 늘 아디다스를 애용했다.

조던을 주목한 사람은 나이키의 버칼로씨였다. 그는 조던이 아디다스를 좋아하는 것을 알고 있는 상태에서 나이키와의 광고 계약 이야기를 건넸다.

당초 나이키가 조던을 위해 준비한 농구화는 검은색과 붉은색을 배합한 참신한 디자인이었다. 그때까지의 농구화는 흰색이 주류였기 때문에 조던도 놀라움을 감추지 않았다고 한다. 조던은 그 운동화 이야기를 듣고 "마치 악마의 색 같다"고 말했다. 그러나 그 참신한 디자인이 크게 히트하고 매스컴과 팬의 주목을 끌게 된 데는 조던이 기여한 바가 크다.

이 참신한 농구화는 NBA의 유니폼 통일성에 관한 규약에 위반되는 것이었기 때문에 이 신발을 신었던 조던은 경고를 받았다. 만일 다시 신으면 팀에 천 달러의 벌금을 부과하겠다는 엄중한 경고였다. 그러나 조던은 흰색 농구화로 바꿔 신지 않고 경기에 출장했고 이로 인하여 팀은 천 달러의 벌금을 물어야 했다. 이러한 소동이 점점 매스컴과 팬의 주목을 모으는 계기가 되면서 색깔 있는 농구화가 크게 히트하게 되었다.

12

세계 최초로 산악 그랜드슬램을 달성한 사람은 누구일까?

우리나라는 히말라야 14좌(히말라야산맥에 있는 8천 미터 이상의 14개 봉우리)의 등정에 성공한 사람이 3명이나 있다. 엄홍길, 한왕용, 박영석이다.

그 가운데 박영석은 남극점과 북극점을 모두 밟아 세계 최초로 산악그랜드슬램을 이루었다. 산악그랜드슬램은 산악인으로서는 노벨상과 맞먹는 것으로 지금까지 어느 누구도 달성한 적이 없는 기록이다.

제 10 장

정치세계 속으로!
정치 잡학

01

'국민의, 국민에 의한, 국민을 위한 정치……'는 링컨이 한 말이 아니라는데 정말일까?

미국대통령 링컨의 게티스버그 연설문은 '국민의, 국민에 의한, 국민을 위한 정치'라는 말 때문에 유명해졌다. 링컨의 이 말은 민주주의의 본질을 가장 잘 표현한 말로 칭송받고 있다. 그러나 이 말은 링컨이 한 말이 아니라 링컨이 인용한 말이다.

노예폐지운동가였던 테오도르 파커 목사는 그의 연설이나 설교를 모은 책의 1절에 '민주주의는 모든 사람에게 미치며, 모든 사람에 의한, 모든 사람을 위한 직접정치이다'라고 썼다. 링컨은 가지고 있던 파커 목사의 책에서 이 부분에 밑줄을 그었다고 한다. 링컨은 연설을 하면서 '모든 사람'을 '국민'으로 바꿨을 뿐이다. 링컨이 '모든'이라는 말을 없애면서 본래의 의미가 퇴색했다는 의견도 있다.

백악관은 언제부터 미국 대통령의 집무실이었을까?

미국의 대통령관저는 백악관white house으로 불린다. 원래 백악관은 대통령의 집 President's House이라고 불렸다. 대통령관저가 완성된 것은 1800년으로, 제2대 대통령인 존 아담스 때였다. 초대 대통령인 조지 워싱턴을 제외한 모든 미국의 역대 대통령이 이 집에 살면서 대통령직을 수행했다. 대통령의 집은 백색 건물이 아니었다.

독립 후 얼마 되지 않은 1810년경, 미국은 유럽의 나폴레옹 전쟁에 대해 중립을 지키며 무역을 통한 이익을 얻고 있었다. 나폴레옹과 싸우고 있던 영국이 미국의 무역을 방해하면서 영미전쟁(1812~14년)이 일어났다. 1814년 이 전쟁 중에 워싱턴의 대통령관저도 약 절반 정도가 불탔다.

다음 해인 1815년 대통령의 집을 수리하면서 화재로 타버린 흔적을 감추기 위해 전체를 새하얀 페인트로 칠했던 것이 백악관이라는 이름의 기원이 되었다. 백악관이 정식 명칭으로 사용되게 된 것은 제26대 대통령 루즈벨트가 백악관이라는 이름을 붙이고 나서의 일이라고 한다.

03

JFK는 색을 밝히는 사람이었다는 말이 사실일까?

암살된 미국의 케네디대통령은 엄청난 호색가였다.

그는 대통령선거전 중 상대편 후보인 닉슨과의 TV 토론을 몇 분 남겨놓고 콜걸과 섹스를 하고 있었다고 한다. 그래서 TV에 비추어진 모습이 묘하게 섹시하게 보여 여성의 지지율이 높아졌다는 말도 있다.

그는 대통령으로 당선되었고, 대통령 취임식을 끝내고 축하 댄스파티를 하던 도중에 미녀배우인 앤지 티킨슨과 호텔로 갔다. 그날 밤 그는 할리우드의 스타를 두 사람이나 더 불러서 3인플레이를 즐겼다.

이 이야기는 재클린 케네디의 전기를 쓴 데이비드 하이만이라는 사람이 조사를 해서 드러난 사실이다.

04

히틀러에게는 성적인 콤플렉스가 있었다는 말이 사실일까?

독재자인 히틀러는 고환이 한 개밖에 없었다고 알려져 있다. 1945년 4월 30일 자살한 히틀러의 시신을 소련 군의관들이 부검해본 결과 오른쪽 고환 한 개밖에 없었다고 한다. 왼쪽 고환은 복강 내에 있었다. 이런 신체구조는 그리 드물게 찾아볼 수 있는 건 아니다. 성생활도 정상적으로 할 수 있다. 남성호르몬의 분비는 적어지지만 육체적으로 그렇게 큰 차이는 없다.

히틀러는 엄청난 성적인 콤플렉스를 가지고 있었던 것으로 추정된다. 어른이 되어서 잔혹한 행동을 하게 된 것도 이런 성적인 콤플렉스가 적지 않은 영향을 끼쳤다고 보는 견해가 많다.

05
영국 청교도혁명의 지도자 크롬웰의 두개골은 어디로 갔을까?

영국의 청교도혁명을 이끈 크롬웰은 1649년 왕정을 무너뜨리고 공화제를 시작했으나 그 이후에 독재자가 되었다.

1658년 그는 감기로 사망했는데, 7주일 후에 국장이 열려서 웨스트민스터 사원에 묻혔다. 정치정세가 바뀌어 크롬웰은 국가의 적이 되었고, 그의 묘는 파헤쳐지고 말았다. 그의 두개골은 24년간 형틀에 매달린 채 전시되었다. 그 후 그의 두개골은 여러 사람의 손을 거쳐서 1960년에 겨우 한 대학에서 입수하여 보관하고 있다. 현재까지 남아 있는 크롬웰의 두개골은 진품이 아니라 가짜와 바꿔치기 된 것이라는 이야기도 있다.

파키스탄이라는 나라 이름은 어떻게 만들어졌을까?

파키스탄이라는 나라의 이름은 결정되는 과정이 매우 독특했다. 영국으로부터 독립하기 전 현재의 파키스탄 국토는 신드, 아프간, 펀잡, 카슈미르, 발루치스탄이라는 다섯 지방으로 나뉘어 있었다. 이 다섯 지역이 하나의 국가가 되었다는 뜻으로 각각의 머리글자를 붙여 파키스탄이라는 나라 이름이 되었다.

요컨대 펀잡의 P, 아프간의 A, 카슈미르의 K, 그리고 이슬람교 국가이므로 I를 하나 끼우고, 계속해서 신드의 S, 마지막으로 발루치스탄의 TAN을 붙여 'PAKISTAN'이 만들어졌다. 이 파키스탄이라는 이름은 합성어지만 좋은 뜻이 담겨 있었다.

파키스탄의 'Pak'는 힌두스타니어로 '청정함'을 의미하고 'istan'은 페르시아어로 '나라'를 의미한다. 파키스탄은 '청정한 나라'라는 뜻이다. 파키스탄의 나라 이름을 생각해낸 사람은 당시 영국에 유학하고 있던 학생이라고 한다.

투표할 때 찍는 도장의 모양은 왜 사람 인人자와 비슷하게 생겼을까?

선거용 투표용지에 찍는 도장의 원안에 '人'모양(사람 '인' 모양 비슷)이 새겨져 있는 것은 이유가 있다. 간단하게 말하자면 무효표를 방지하기 위해서라고 한다.

투표용지에 일반 원 모양의 도장으로 인주나 스탬프를 찍어서 투표를 하면 투표용지를 접었을 때 인주나 스탬프가 덜 말라, 경우에 따라 반대쪽에도 묻어나는 수가 있다. 그렇게 되면 두 군데에 도장이 찍힌 것처럼 보여 무효표 논란이 생기게 된다.

따라서 비대칭인 원안에 '人'모양을 넣어두면 도장마크가 반대쪽에 찍히더라도 어느 것이 원래 찍었던 것인지, 인주가 묻어난 것인지를 쉽게 알 수 있다.

주민등록번호 뒤의 7자리 숫자는 무엇을 뜻하는 걸까?

13자리로 구성되어 있는 주민등록번호의 앞 6자리는 생년월일을 의미한다.

뒤의 7자리 숫자 가운데 첫 번째 숫자는 남녀의 성별을 구분한다. 보통 남자는 1, 여자는 2로 시작하며 2000년 이후 출생한 남자의 경우는 3, 여자는 4로 시작된다. 성별을 구분하는 번호는 100년 단위로 바뀐

다. 즉, 2100년 이후 태어나는 남자는 5, 여자는 6으로 시작하게
된다. 두 번째부터 다섯 번째까지의 4자리 숫자는 주민등록을 신
청하는 관할관청 지역번호이고, 여섯 번째 숫자는 당일 주민등록
을 신청한 순번이라고 한다. 마지막 일곱 번째 자리에는 검증번호
를 넣게 되는데, 이는 앞의 번호들이 정상적으로 조합됐는지를 확
인하는 일종의 암호와 같은 숫자이다.

09
만유인력의 아이작 뉴턴이 국회의원이었다는 것이 사실일까?

사실이다. 뉴턴은 만유인
력을 발견하고 물리학의 역
학분야에서 명성을 떨쳤다.
1688년 명예혁명 때 그는
대학 대표의 국회의원으로
선출되었다. 그러나 그는 정
치인으로서는 별로 한 일이 없었다. 그가 의회에서 발언한 유일한
말은 "창문 좀 열어주시오"였다.

1691년 뉴턴은 조폐국의 감사가 되었으며, 1699년 조폐국 장관
에 임명되어 화폐를 새롭게 주조하는 어려운 일을 수행했다. 그는
1703년 왕립협회 회장으로 추천되고 1705년 나이트 작위를 받았
다. 1727년에 사망한 그의 장례식은 웨스트민스터사원에서 열렸
고 그곳에 묻혔다.

10

팔레스타인과 이스라엘은 왜 그렇게 계속 싸우고 있는 걸까?

팔레스티나로 유태인의 이주가 본격적으로 진행되기 시작한 것은 19세기 말부터였다. 유태인들의 이주가 늘어나면서 팔레스티나의 주민들과 갈등이 심해지기 시작했다.

제1차 세계대전 때 오스만투르크(터키) 때문에 고생한 영국은 아랍인들의 협조를 얻기 위해 독립을 약속했다(맥마흔 서한). 다른 한편으로 영국은 유태인들에게 팔레스티나에 유태인의 민족국가를 세우는 일을 지지했다(벨푸어선언).

제2차대전이 끝나고 난 뒤 유엔은 팔레스티나를 유태인의 국가와 아랍국가로 분할하고 예루살렘을 국제관리 하에 둘 것을 결의했다. 이 유엔 결의를 통해 이스라엘이 1948년도에 독립을 선언했다. 이스라엘의 독립을 반대하는 아랍국가들 즉 이집트, 시리아 등이 이스라엘로 진공하면서 아랍전쟁이 터졌다. 하지만 오히려 이스라엘에게 요르단강 서안을 빼앗기고 말아 팔레스티나 사람들은 94만 명이나 난민이 되어 각지로 흩어지게 되었다. 1967년 유명한 6일전쟁으로 다시 난민이 생겨났고 새로운 점령지인 가자, 동예루살렘을 포함한 서안 지역에서 살 수밖에 없게 되었다. 갑자기 삶의 터전을 잃은 팔레스티나 사람들은 끊임없이 이스라엘에 빼앗긴 자신들의 땅을 되찾기 위해 투쟁하고 있다. 1993년 이스라엘은 점령지인 요르단강 서안에서 팔레스타인민족해방기구의 자치권을 인정했다.

생활의 터전을 잃은 팔레스티나 사람들은 이스라엘 영토에서 일해야만 먹고 살 수 있었기 때문에 이스라엘 지역으로 출퇴근해야만 한다. 이 과정에서 이스라엘의 군인들과 자주 마찰을 일으키게 되고 서로 무력충돌을 계속하고 있다.

수천 년 동안 전세계를 떠돌던 이스라엘 사람들은 20세기에 들어서 겨우 터 잡은 땅을 내주지 않기 위해 강력한 무력을 사용하고 있고, 국제적인 독립의 약속을 배신당한 팔레스타인 사람들은 여전히 이스라엘에 큰 반감을 갖고 있다.

11

티베트는 중국과 어떤 관계일까?

불교국가인 티베트는 티베트 불교의 수장인 법왕 달라이 라마가 다스렸다.

1910년 청나라 정부는 동티베트를 점령하고 서장성을 설치했다. 당시 티베트를 다스리던 달라이 라마 13세는 청나라 군대가 라싸로 입성하기 직전에 인도로 탈출했다. 1912년 티베트인들은 티베트에 주둔하던 청 제국의 군대에 대항해 티베트의 독립을 주장했다. 1912년 6월, 인도에 망명 중이던 달라이 라마 13세는 티베트로 돌아와 모든 중국인 병사들은 중국으로 돌아갈 것을 요구했고, 곧 중국 군대

를 몰아내고 티베트군이 다시 티베트의 대부분을 장악했다.

달라이 라마 13세는 군중의 대대적인 환영을 받으며 수도 라싸에 진입했고, 1913년 티베트의 독립을 선언했다. 1933년 달라이 라마 13세가 사망하고 1940년 달라이 라마 13세의 환생자로 인정받은 톤도프가 달라이 라마 14세로 즉위했다. 티베트 사람들은 달라이 라마는 선대의 달라이 라마가 환생한다고 믿기 때문이다.

1950년 중국이 다시 침공했고, 이에 대항하는 무장투쟁이 곳곳에서 일어났다. 1959년 티베트의 수도인 라싸에서 대규모 시민봉기가 일어나 중국의 인민해방군과 대치하자 제14대 달라이 라마는 티베트인들의 안전을 위해 인도로 망명했다. 그는 그곳에서 망명정부를 이끌고 있으며 비폭력으로 일관해 1989년 노벨평화상을 받았다.

중국은 티베트의 독립국가로서의 역사를 인정하지 않는다. 중국은 티베트의 정치집단은 서장 지방정권이었으며, 티베트는 중국의 영토로 서장이라고 부른다. 중국은 티베트 영토의 절반 이상을 티베트 근처의 중국영토인 청해성, 사천성, 감숙성 등지로 편입시켰다. 현재 중국의 서장자치구는 티베트 영토의 일부분일 뿐이라고 한다.

달라이 라마 14세는 현재 독립을 포기하고 티베트인의 자치권을 인정해달라고 중국에 요구하고 있다.

제 11 장

생활 경제 속으로!
경제 잡학

달러는 원래 어느 나라의 화폐단위였을까?

국제화폐로 통용되는 미국의 화폐단위는 달러이다. 캐나다와 뉴질랜드를 포함하여 많은 나라들이 화폐단위로 달러를 쓴다. 그런데 달러는 원래 독일의 화폐단위였다.

독일의 보헤미아(현재의 체코) 요하임 골짜기(세인트 요하임 스탈)의 은광에서 채굴된 은으로 만든 은화의 이름은 '요하임스탈러 Joachimsthaler'라고 불렸다. 줄여서 '탈러'로 불린 이 은화는 독일뿐만 아니라 유럽 전역에서 쓰였다. 탈러가 다른 나라에서도 쓰이면서 그 이름도 변했는데, 네덜란드에서는 '다렐', 스페인에서는 '다레라'라고 불렸다.

미국은 영국의 식민지였다. 영국의 화폐단위는 파운드와 펜스이다. 그런데 왜 미국은 달러를 쓰게 되었을까? 미국에서는 은이 나

지 않는다. 신대륙의 스페인 식민지에는 은광이 많았고, 스페인은 이 식민지 은으로 다레라 은화를 만들었다. 미국은 스페인령과 밀무역을 통해 담배와 면화 등을 수출하고 스페인의 다레라 은화를 받았다. 다레라의 영어식 읽기가 바로 달러이다.

한편 탈러를 쓰던 독일의 화폐단위는 마르크이다. 독일은 유럽통합 이후에 유로를 쓴다.

02
고대 로마제국에서는 월급을 소금으로 주었다는데 사실일까?

샐러리맨은 'salary(월급)'와 'man'을 조합하여 만든 한국식 영어이다. 월급이라는 의미의 salary의 어원은 라틴어의 'sal(소금)'이다.

고대 로마시대 병사의 월급은 소금으로 지급되었다. 이집트, 메소포타미아, 인도, 중국과 같이 기원전 3~4천 년에 걸쳐 발전한 고대문명의 중심지 옆에는 반드시 소금 산지가 있었다. 소금의 제조기술이 발달하지 않았던 당시에 소금은 귀금속에 필적하는 귀중한 생필품이었다. 소금이 없으면 보존(저장)식품을 만들 수가 없고, 원정이나 전쟁에 나갈 수도 없었기 때문이다.

고대 로마는 유럽 각지로부터 소금을 수입하기 위해 도로를 건설했다. 이탈리아 최고의 도로 이름은 'Via Salaria(소금 길)'이라고 한다.

03

왜 동전에는 제조연도가 찍혀 있을까?

다 같은 돈인데 지폐에는 없는 제조연도를 동전에만 표시하는 이유는 동전을 주조하는 소재가 제조연도에 따라 다르기 때문이다.

동전은 여러 가지 금속의 합금으로 이루어져 있다. 금, 은, 동, 주석, 알루미늄 등이 그것인데, 이들 금속의 가치는 시세에 따라 크게 변동한다. 이 때문에 제조비용 예산에 따라 매년 금속의 합금 비율이 조절된다. 그러므로 동전에는 금속의 합금 비율을 바로 알 수 있도록 제조연도를 새겨 넣는다. 사실은 지폐의 경우도 관계자가 보면 바로 제조연도를 알 수 있다고 한다.

04

마요네즈 공장에서 남은 달걀흰자는 버릴까?

마요네즈는 달걀 가운데 노른자만을 원료로 사용한다. 공장에서 대량으로 남은 흰자는 버리지는 않는다. 달걀흰자는 감기약 등에 이용되는 소염 효소인 염화 리조팀을 추출할 수가 있기 때문에 제약회사로 팔린다. 최근에는 달걀노른자뿐만 아니라 흰자까지 모두 사용하여 만드는 마요네즈도 있다고 한다.

05
콘돔에도 유효기간이 있을까?

콘돔에 표시되어 있는 유효기한은 너무 작게 표시되어 알아보기가 힘들다. 기한이 지났다고 해서 바로 사용할 수 없게 되는 것은 아니지만 만일 사고가 생겨도 제품 회사에서는 보증해 줄 방법이 없다. 기한이 지난 콘돔은 고무가 약화되어 찢어지기 쉬우므로 사용하지 않는 편이 좋다.

06
카페 스타벅스는 어떻게 지어진 이름일까?

국내에도 커피 체인점 스타벅스Starbucks가 많이 늘어나고 있다. 스타벅스의 역사는 1971년 미국 시애틀에서 오픈한 '스타벅스 커피 티 앤드 스파이스'에서 시작되었다. 창업자는 영어교사였던 제럴드 볼드윈과 역사교사였던 지브 시글, 작가인 고든 보우커, 세 사람이다.

고든은 원래 회사명을 명작 『모비딕』에 나오는 포경선捕鯨船 피쿼드pequod로 하려고 했다. 그러나 친구인 테리 헤클러가 '오줌pee으로 형무소quod 커피를' 마시느냐며 강하게 반대했다. 테리는 시애틀 부근에 있는 레니어 산기슭에 있던 '스타보'라는 채굴장의 이름을 제안했다. 그래서 열띤 의논을 거친 뒤 최종적으로 창업자

제럴드 볼드윈이 『모비딕』의 피쿼드호 선원 가운데 커피를 좋아하는 일등 항해사 '스타벅'을 발견하여 그 이름을 따서 회사이름을 짓게 되었다.

07

백화점의 화장품 매장은 왜 꼭 1층에 있을까?

어느 백화점을 가더라도 지하에는 식료품, 1층에는 화장품 매장이 있다. 지하의 식료품은 그렇다 치고 1층이라는 백화점 현관에 강렬한 향을 내뿜는 화장품 매장이 있는 것은 백화점이 여성고객을 중요하게 생각하기 때문일까?

백화점 입장에서 보면 화장품은 이익률이 높은 상품이다. 단가가 높은데다 장소를 많이 차지하지 않기 때문에 수익성이 높다. 또한 점원의 수도 줄일 수 있다. 화장품 매장에 많은 점원이 있지만 대부분은 화장품회사에서 파견되어 온 판촉사원들이다.

08

엘리베이터에는 왜 거울이 있을까?

백화점이나 호텔의 엘리베이터 가까이에는 거울이 있는 경우가 많다. 이것도 유래가 있다.

미국의 어느 고층 빌딩에 구식 엘리베이터가 설치되어 있었는데, 기다리는 시간이 길다는 불평이 끊이질 않았다. 그러나 신형 엘리베이터로 바꾸기에는 경제적인 부담이 너무 컸다. 대책을 세우려는 건물 주인이 찾은 묘책은 엘리베이터 옆에 거울을 두는 것이었다고 한다. 기다리는 사람이 거울을 보면서 옷매무새를 다듬게 되면 기다리는 시간을 짧게 느낄 것이라는 생각에서였다. 거울을 달고 난 이후 이 빌딩에서 엘리베이터 때문에 생기는 불평은 현저히 줄어들었다. 그 이후 다른 건물에서도 엘리베이터에 거울을 붙이기 시작했다고 한다.

09

김치찌개지수라는 것이 무엇일까?

세계의 물가를 비교할 수 있는 지표로 사용되는 것이다. 말하자면 우리나라의 대표적인 음식인 김치찌개의 값을 세계 각 도시의 가격으로 알아봄으로써 각 나라의 물가를 알 수 있다는 말이다.

세계 주요도시의 김치찌개 가격을 보면 스위스 취리히가 34.20
달러로 가장 비쌌는데 우리나라 돈으로 약 3만5천 원 정도이다.
코펜하겐($26.32), 스톡홀름($23.50), 밀라노($22.50), 오슬로
($20.65) 등 유럽지역 국가의 한국 음식 가격이 상대적으로 높았
다. 반면, 가격이 낮은 도시는 다롄($1.82), 호치민($3.20), 칭다오
($3.63), 방콕($3.89) 등으로 나타났는데 이처럼 세계적으로 김치
찌개의 가격이 큰 차이를 보이는 것은 아직까지 한국 음식이 지구
촌에서 대중화되지 못했기 때문이다.

잘 알려져 있는 빅맥지수는 맥도날드 빅맥 햄버거의 값을 비교
해 각 나라의 물가를 비교하는 것이다. 빅맥지수가 가장 높은 곳은
오슬로로 빅맥 햄버거 1개 값이 7.26달러로 가장 비싼 반면, 0.74
달러를 기록한 버마의 랭군이 세계에서 가장 싼 도시라고 한다.

제 12 장

일상의 지혜 속으로!
생활 잡학

01
까맣게 변해 버린 냄비를 새것처럼 윤이 나게 하려면?

까맣게 변해 버린 알루미늄, 스테인리스 그릇이나 냄비는 빡빡 문질러도 좀처럼 새 것처럼 반짝이지 않는다. 냄비에 물을 넣고 끓이다가 얇게 썬 레몬을 넣고 약한 불에서 10분 정도 끓이면 문지르지 않아도 새 것처럼 반짝반짝한 냄비가 된다.

귤껍질이나 사과 심을 이용하여 그릇이나 냄비의 표면을 닦아도 어느 정도 효과를 볼 수 있다.

02
검게 변한 은으로 된 수저, 반지, 목걸이 등은 무엇으로 닦으면 좋을까?

반지, 목걸이, 꽃병, 식기 등의 은제품은 조금만 게을리하여 닦지 않으면 거무스레하게 변색되어 보기가 싫어진다. 거무스레하게 변해 버린 은제품을 물 속에 넣고 베이킹파우더를 조금 섞은 다음 끓이게 되면 깜짝 놀랄 만큼 새 것처럼 깨끗해진다.

고무장갑은 왜
빨간색이 많을까?

고춧가루가 많이 들어가는 한국 고유의 김치문화 때문이다. 김치를 담글 때 장갑에 붉은색이 물들어도 티가 나지 않도록 하기 위해서이다. 지난 1976년부터 고무장갑을 생산해 온 국내 최대업체인 태화고무장갑의 경우 이 같은 이유 때문에 처음엔 빨간색 고무장갑만 생산했다. 태화고무장갑이 현재 생산하고 있는 고무장갑 중 가장 비중이 큰 것이 핑크색(67%)이며, 빨간색은 28%, 상아색은 5% 정도라고 한다.

빨간색 고무장갑은 김치를 많이 담그는 대형 음식점이나 구내식당에서 주로 쓰이고, 핑크색은 대부분 가정용으로 나가며, 외국인이 자주 찾는 호텔이나 고급 음식점에서는 상아색을 선호한다고 한다. 외국인이 자주 찾는 음식점에서 빨간색 고무장갑을 꺼리는

이유는 빨간색 고무장갑을 본 적이 없는 외국인에게는 혐오감을 줄 수 있기 때문이다.

최근 들어서는 직접 김장을 담그는 가정이 줄면서 빨간색, 분홍색보다 깨끗해 보이는 상아색을 선호하는 경향이 조금씩 높아지고 있다.

하지만 일본에서는 우리나라의 김치가 인기를 끌면서 현지 김치 공장이나 식당 등을 중심으로 빨간색 고무장갑 수요가 늘고 있다고 한다.

04
물이 담긴 비닐봉지로 파리를 쫓을 수 있을까?

결론부터 말하자면 효과가 있다. 그 이유는 물의 산란과 파리의 겹눈 때문이다. 파리의 눈은 수만 개의 눈이 합쳐져서 하나의 눈을 이루는 겹눈이다. 여러 개의 물이 담긴 비닐봉지를 천장에 매달아 놓으면 이 물봉지에 파리의 모습이 산란되어 거대하고 수많은 천적이 있는 것처럼 보이게 된다. 파리는 자기 모습에 놀라 달아나게 된다.

05

파리채는 왜 구멍이 숭숭 뚫려 있을까?

파리채에 작은 구멍들이 많이 있는 것은 공기의 저항을 최대한 줄이기 위해서이다. 파리채에 구멍이 없다면 부채처럼 바람이 생기고, 공기의 저항으로 인해 빠른 속도로 내려칠 수가 없다. 구멍이 있기 때문에 공기의 저항이 줄고, 파리채가 빨리 내려가 파리를 잡을 수 있다.

06

설탕그릇에 꾀는 개미를 막을 수는 없을까?

설탕을 담아두는 통이나 꿀통에는 개미가 잘 꾀기 마련이다. 설탕그릇이나 꿀통의 입구 아래쪽에 고무줄을 몇 겹 감아 두면 개미가 얼씬도 하지 않는다. 단내를 맡고 접근했더라도, 개미는 원래 고무냄새를 싫어하기 때문에 꿀통이나 설탕그릇 등에 더 이상 접근하지 않고 물러서고 말기 때문이다.

이미 개미가 통 속에 들어가 있는 경우에는 불 옆에 두어 따뜻하게 해주면 개미가 모두 기어 나온다.

07 프라이팬의 기름때는 어떻게 없앨까?

냄비나 프라이팬에 씻어내기 힘들 만큼 기름때가 졌으면 직사광선을 쬔 다음 닦아 보자. 하루 정도 햇볕을 쪼이면 기름때가 저절로 벗겨져 저녁에는 깨끗해진다.

또 다른 방법은 먹다 남은 소주를 이용하는 것이다. 음식을 다 만들고 난 뒤 프라이팬의 열이 식기 전에 소주를 붓고 깨끗한 티슈로 문지르듯 닦아내면 기름때가 깨끗이 제거되어 물로 닦아내지 않아도 된다.

08 포개진 그릇과 컵이 잘 빠지지 않을 때 쉽게 빼는 방법은?

포개어 두었던 그릇과 컵이 잘 빠지지 않을 때는 위쪽에 찬물을 붓고 아래쪽은 더운물에 담가두면 위쪽의 컵은 수축하고 아래쪽의 컵은 늘어나기 때문에 쉽게 뺄 수 있다.

09

상표, 스티커를 쉽게 떼는 방법은?

누구나 한 번쯤 그릇이나 대문, 현관문에 붙어 있는 정가표나 상표를 떼어야 하는데 잘 떼어지지 않아 고생한 경험이 있으리라고 생각한다. 잘못하면 새 그릇이 보기 싫게 될까 봐 상표나 가격 스티커 떼기가 조심스러울 때가 많다. 이런 경우 헤어드라이기의 뜨거운 바람을 이용하면 스티커를 깨끗하게 떼어낼 수 있다.

특히 유리컵에 붙은 상표는 헤어드라이기로 10초 정도 뜨거운 바람을 쏘여주면 말끔하게 떨어진다. 벽에 붙어 있는 스티커도 헤어드라이기의 뜨거운 바람을 쏘여주면 비교적 쉽게 뗄 수 있다.

10

꽃병의 꽃을 오래 보려면 어떻게 해야 할까?

꽂꽂이한 꽃을 오래 보존하는 방법에는 여러 가지가 있지만, 가장 좋은 것은 물속에서 꽃대를 자르고 부지런히 물을 갈아주는 방법이다. 꽃대를 자를 때는 양동이에 물을 가득 채우고 물 속에서 자르는 것이 좋다. 수압을 이용해 물의 흡수력을 높여주면 꽃이 더 오래 가기 때문이다. 공기 중에서 자른 꽃대의 단면은 쉽게 건조하기 쉽고, 물을 빨아올리는 관

속에 공기가 들어가 물을 흡수하기 어렵게 되므로 물 속에서 잘라야 한다.

꽃을 자를 때는 반드시 비스듬히 잘라 가지의 잘린 면을 넓게 해서 물을 많이 빨아들일 수 있게 해주어야 한다. 여기에 소금이나 구운 백반가루를 발라 주면 물의 흡수를 더욱 원활하게 도울 수 있다. 꽃에 영양을 주는 의미에서 꽃병이나 수반에 정종이나 식초, 설탕 등을 약간 넣어주면 꽃의 수명이 더욱 길어져 오랫동안 즐길 수 있다.

11

시든 꽃을 활짝 피게 하려면 어떻게 해야 할까?

마늘을 으깬 후 그 마늘을 반컵 정도의 물에 넣고 잘 흔들어서 화분에 부어주면 시들었던 꽃이 활짝 핀다.

12

누렇게 변해 버린 속옷을 하얗게 세탁하는 방법은?

달걀껍질을 거즈에 싸서 삶는 빨래 속에 넣어주면 누렇게 변해 버린 속옷이 놀랍도록 하얗게 변한다. 속옷이 아닌 일반 치마나 셔츠의 경우에는 쌀뜨물에 헹구어 주듯 주물러 빨래를 하면 어느 정도 하얗게 되는 효과를 볼 수 있다.

13

냄새나는 방에 촛불을 켜놓으면 냄새가 없어질까?

냄새나는 방에 촛불을 켜 놓으면 냄새가 사라진다. 초가 불타면서 산소도 소모되지만 공기 중의 냄새도 같이 연소가 되기 때문에 냄새가 제거되는 효과가 있다. 초는 완전연소가 되지 않아 눈에 보이지 않지만 그을음이 생긴다. 이 그을음은 탄소(숯)의 작은 알갱이인데 다공성물질이라 공기중으로 확산되면서 냄새입자에 달라붙는다. 냉장고에 활성탄이나 숯을 넣어 두면 냄새가 제거되는 것과 원리가 같다.

<table>
<tr><td>

14

다림질하다 눌은 옷의
자국을 없애는 요령은?

</td><td>

다림질을 하다가 잘못해서 옷이 눌었을 경우 양파를 잘라서 눌은 자국에다 대고 5~10분 문지른 후 찬물에 헹구면 자국이 거의 없어진다.

</td></tr>
</table>

<table>
<tr><td>

15

드라이클리닝은
세탁물이 젖지 않을까?

</td><td>

드라이클리닝은 옷이 물에 젖는 것은 아니지만, 마른 상태로 세탁되는 것은 아니다. 테트라클로로에탄(할로겐화 탄화수소류의 일종으로, 휘발성이 강하고 대기 중에

</td></tr>
</table>

유해가스 형태로 존재한다) 용액이 담긴 세탁기에 들어가 그 용액에 흠뻑 젖은 상태에서 세탁되기 때문이다.

16

물 빠질 염려가 있는 빨래를 요령 있게 빠는 방법은?

물 빠질 염려가 있는 빨래는 소금물에 20~30분 정도 담가 두었다가 빨면 소금물의 작용으로 물이 빠지는 것을 방지할 수 있다. 소금물을 만들 때 소금의 비율은 물 한 그릇에 소금 한 줌 정도를 넣으면 된다.

17

흰색 면양말은 어떻게 빨면 하얗게 될까?

흰색 면양말은 좀 오래 신으면 아무리 삶아 빨아도 본래의 색깔을 찾을 수 없게 된다. 이럴 때 레몬 껍질 두어 조각을 띄운 물에 양말을 넣어두면 거짓말처럼 새하얗게 된다.

18

카디건은 만든 사람의 이름을 딴 것일까?

전쟁은 때때로 새로운 패션문화를 창조하기도 한다. 제1차 세계대전이 낳은 것으로 유명한 트렌치코트는 19세기 크리미아 전쟁 때문에 만들어졌다.

뒤집어써서 입는 것이 상식인 스웨터를 앞을 여는 것이 가능하도록 하고 몇 개의 단추를 달아 새로운 타입의 니트웨어를 만든 것이 카디건이다.

그것을 고안해낸 사람은 영국의 귀족 카디건 백작이다. 카디건 백작은 크리미아 전쟁 중에서도 가장 격심했던 바라크라바 전투에 경기병 여단장으로서 참가했는데, 부상을 입게 되었다. 그때 따뜻한 스웨터를 입고 벗기가 불편했던 그는 앞이 트인 스웨터가 있으면 좋겠다는 생각을 하게 되었다. 그는 부상당한 병사가 입기 쉬운 스웨터를 창의적으로 고안해 만들어 냈고, 그것이 현재의 카디건이라고 한다.

19

손에 묻은 기름때는 무엇으로 지울까?

자동차 정비 혹은 난방기기 손질 등으로 손에 기름때가 묻게 되면 비누나 주방세제 등으로는 말끔히 지워지지 않을 때가 있다. 이럴 경우 설탕을 묻혀 손을 비비며 씻어주면 감쪽같이 기름때가 빠진다.

설탕이 없을 경우 식용유를 이용하여 기름때를 없앨 수 있다. 식용유를 이용하게 되면 기름이 기름을 녹여 기름때가 빠지게 된다. 식용유를 손에 붓고 비벼준 후 물에 씻지 말고 천이나 휴지로 기름때를 닦아낸다. 이와 같은 방법을 2~3회 반복해준 후 마지막에 비누를 이용하여 손을 씻어주면 깔끔하게 기름때를 제거할 수 있다.

또 다른 방법은 밀감껍질로 손을 문질러주면 기름 냄새가 쉽게
빠진다.

20

페인트칠의 고약한 냄새는 어떻게 없앨까?

방, 벽, 천장 등에 페인트
칠을 했을 때 페인트 특유의
냄새 때문에 머리가 아플 지
경이 된다. 이때는 양파 한
두 개를 8등분해서 방 한가
운데 두면 하루 이틀 만에
페인트 냄새를 깨끗이 제거할 수 있다.

21

살에 묻은 페인트를 지우는 방법은?

손이나 얼굴에 콜드크림을 바르고 나서 페인트칠을 하면 페인트가 묻는다 하더라도 휴지로 닦아내면 쉽게 지워진다. 그런데 만일 콜드크림을 바르지 않은 상태에서 페인트칠을 하다가 페인트가 묻었다면 페인트가 묻은 곳에 버터 혹은 식용유를 발라 잘 문지른 다음 타월로 닦아낸 후 씻어내면 말끔히 닦인다.

이때에 손톱에 묻은 페인트는 쉽게 지워지지 않는데, 이것은 여성들이 매니큐어를 지우는 용도로 사용하는 아세톤을 이용하면 쉽게 지울 수 있다.

22

색이 변한 금반지, 은반지를 새것처럼 광택을 내려면?

금반지와 은반지같이 금속으로 만든 반지를 오래도록 끼고 있으면 광택을 잃어버린다. 이럴 경우에는 부드러운 천에다 치약이나 소다를 조금 묻혀서 반지를 닦으면 처음 샀을 때와 같은 광택이 살아나게 된다.

360

23
창살 틈으로 스미는 빗물은 무엇으로 막을까?

비가 많이 오는 계절이 되면 유리창의 창살 틈 사이로 빗물이 곧잘 스며든다. 이럴 때 비가 스며드는 자리에 양초를 칠해 두면 칠한 부분이 물에 젖지 않기 때문에 빗물이 잘 스며들지 못한다. 뿐만 아니라 창살 부근에는 언제나 흙먼지가 많이 끼게 되는데, 양초를 칠해 두면 먼지도 쌓이지 않고, 쌓였다 하더라도 청소하기가 훨씬 쉽다.

24
얼룩 없이 유리를 닦는 방법은?

걸레로 유리창을 닦으면 걸레의 섬유나 먼지 같은 것이 유리창에 묻어 깨끗하게 닦이지 않는다. 젖은 신문지로 유리창을 닦으면 맑게 닦인다. 젖은 신문지를 유리창에 붙였다가 떼어내는 것도 한 방법이다.

25

방충망을 쉽게 청소하는 방법은?

아무리 집안청소를 자주 하는 사람도 창문에 걸려 있는 방충망을 제대로 닦기란 매우 힘들기 마련이다. 이 까다로운 방충망을 깨끗하게 청소하는 비법이 있다.

방충망 뒤쪽에 신문지를 테이프로 단단히 붙여놓고 방충망 앞쪽 부분에서 진공청소기로 먼지를 빨아들이면 방충망의 먼지가 쉽게 청소기 속으로 빨려 들어가게 된다. 뒤에 아무것도 대지 않고 진공청소기로 빨아내면 먼지뿐만 아니라 주변의 공기도 같이 빨려 들어가면서 먼지가 쉽게 제거되지 않는다. 그러나 신문지를 방충망 뒤에 대고 진공청소기를 돌리면 공기의 통로가 좁아져 공기를 빨아들이는 속도가 증가해 보다 많은 먼지를 제거할 수 있다.

26

욕실 거울에 비누칠을 하면 김이 서리지 않을까?

욕실 거울에 비누칠을 하고 마른 헝겊으로 닦아내면 거울표면에 비누막이 형성되어 거울에 물방울이 맺히지 않고 항상 깨끗한 거울을 사용할 수 있다.

27

바퀴벌레를 잡는 방법은 뭘까?

· 세제비눗물 : 음식물이 있어서 살충제를 뿌리기 곤란할 때 사용한다. 바퀴벌레가 자주 보이는 곳에 여기저기 뿌려놓으면 된다. 또 우유병에 생감자나 김빠진 맥주를 넣고 병 주둥이에 기름을 발라두면 냄새를 맡고 찾아든 바퀴가 병 속에 빠져서 나오지 못하게 된다.

· 붕산, 감자가루 : 붕산만을 뿌리기도 하는데 여기에 살충효과가 뛰어난 감자가루, 붕산을 같이 섞어 끓는 물에 반죽해서 조금씩 떼어 곳곳에 두면 바퀴는 물론 다른 벌레를 막는 데도 효과적이다. (출처 : http : //dallvit.com.ne.kr/sense/s19.html)

· 고춧가루, 은행 : 월계수 잎이나 고춧가루, 삶은 은행 껍질 등을 바퀴가 다니는 길목에 뿌려두는 것도 바퀴를 집안에서 내쫓는 좋은 방법이다. 카스텔라나 삶은 감자에 붕산을 섞어 길목에 뿌려두면 암컷의 생식을 막아 근본적인 효과를 볼 수 있다.(출처 : http : //www.chinju.ac.kr/)

· 은행잎, 마늘 : 은행잎을 모아서 직사광선에 바짝 말린 뒤 그 물망에 넣어 바퀴벌레가 다니는 길목에 놓아둔다. 또 집안 구석구석에 겨자가루를 뿌려두거나 마늘가루를 뿌리는 것도 효과가 있다. 바퀴는 마늘 냄새를 싫어한다고 한다.(출처 : http : //www. pubpo. com/)

28

개미가 많은 집에는
왜 바퀴벌레가 없을까?

개미가 있는 집에는 바퀴벌레가 없다. 그것은 개미와 바퀴벌레가 경쟁관계에 있기 때문이다. 개미와 바퀴벌레는 모두 군집생활을 하는데, 서식조건이 비슷하기 때문에 서식공간을 차지하기 위해 서로 경쟁하게 된다. 가장 확실한 방법은 서로의 알을 먹어치움으로써 번식하지 못하게 한다. 개미는 바퀴벌레의 알을 먹고 바퀴벌레는 개미의 알을 먹는다.

개미의 군집이 훨씬 수적으로 우세하기 때문에 개미가 많은 집에는 바퀴벌레가 없는 경우가 많다. 거꾸로 이미 바퀴벌레가 너무 많이 번식한 집에 개미가 들어가기도 어렵다.

만일 집안이 더럽고 먹을 것이 많다면 바퀴벌레와 개미가 공존할 수도 있다.

제 13 장

궁금했던 교통수단 속으로!
교통수단 잡학

비행기처럼 무거운 것이 어떻게 하늘을 날 수 있을까?

하늘을 자유로이 날고 싶다는 인간의 꿈은 처음에는 새처럼 날개를 파닥거리는 것을 흉내내는 것에서부터 시작됐다. 하지만 비행기가 나는 이유는 날개를 움직이는 것이 아니라 날개의 생김새에 있다.

모형비행기를 만들어본 사람이라면 누구나 알겠지만 날개의 단면은 완만한 산과 같은 모양을 하고 있다. 비행기가 뜨는 원리는 모두 이 형태에 있다. 공기의 흐름이 빠를수록 그 주위에 미치는 압력은 작아진다. 이는 다른 유체(기체·액체)에서도 같은데, 이를 '베르누이 정리'라고 한다.

이 정리를 비행기의 날개에 적용해 보면 알 수 있다. 날개의 위 아래를 통과하는 2가지 공기의 흐름은 날개를 가로지른다. 이를테면 위쪽의 공기는 날개를 통과한 뒤에 아래쪽을 통과한 공기와 다시 합쳐질 때까지 아래쪽의 공기보다 긴 거리를 가야 한다.

공기는 아래쪽보다 위쪽이 빨리 흐르게 된다. 베르누이 정리에서 빨리 흐르는 (위)쪽에서의 압력은 작고, 속도가 낮은 (아래)쪽의 압력이 크다는 사실을 알 수 있다. 이런 점에서 날개에는 양력揚力 (뜨는 힘)이 작용하며 비행기의 중력과 조화를 이루어 공중에 뜰 수가 있다. 물론 이 양력은 공기의 흐름이 없으면 일어나지 않는다. 그렇기 때문에 프로펠러와 엔진으로 비행기를 앞으로 움직이는 것이다.

제트엔진으로 전진하는 초음속 항공기의 경우 프로펠러기와 같은 커다란 날개는 필요 없다. 양력은 날개의 면적과 비례하여 동시에 속도의 2승에도 비례하기 때문이다. 이를테면 2배의 속도로 나는 비행기 날개의 크기는 1/4이면 충분하다.

양력을 이용한 놀이도 있다. '프리스비(원반던지기)'는 상대방에게 서로 던지며 주고받는 원반 모양의 놀이기구이다. 이 원반의 윗면은 양력을 일으키도록 완만하게 솟아올라 있다. 비행기도 프리스비와 같은 원리로 뜨게 된다.

02

비행기의 블랙박스는 비행기 폭발에서 어떻게 무사할 수 있을까?

먼저 블랙박스는 검은색 상자가 아니다. 눈에 잘 띄도록 형광물질로 된 주황색이 칠해져 있고, 비행기가 추락할 때 충격이 가장 적은 비행기 꼬리 밑 부분에 설치되어 있다. 블랙박스는 자기무게의 3400배를 감당하고, 1100℃에서 30분간 견딜 수 있는 특수 소재로 만들어져 있다.

비행기가 바다에 추락하면 육안으로 찾을 수 없기 때문에 블랙박스는 고유의 주파수인 37.5kHz의 음파가 30일간 계속 나오도록 설계되어 있다. 자체 배터리의 수명은 6년이고, 비행하는 순간부터 자동으로 녹음되고 30분 간격으로 삭제되고 다시 녹음된다. 전원이 끊어지지 않고, 4채널의 마이크로 녹음되기 때문에 어느 자리에서 누가 말하는지 알 수 있다. 비행기의 동체 소리도 녹음되기 때문에 전문가들은 소리만 듣고도 사고 원인을 짐작할 수 있다고 한다.

03
최초로 무착륙 대서양 횡단 비행을 한 사람은 누구일까?

1927년 5월 린드버그는 67번째로 대서양 무착륙 횡단비행에 성공했다. 최초로 대륙간 무착륙 비행에 성공한 사람은 영국인 존 오르콘크 대위와 미국인의 화이톤 브라운 중위이다. 린드버그보다도 8년이나 기록이 앞서는 것으로 1919년 세인트존스 섬에서 아일랜드 클리프덴까지 2830킬로미터를 16시간에 날아왔다.

린드버그의 이름이 역사에 남은 것은 그가 처음으로 단독비행으로 뉴욕으로부터 파리라는 대도시를 연결했기 때문이다.

04
자동차의 핸들은 왜 둥글게 생겼을까?

자전거, 헬리콥터, 비행기, 전차 등 갖가지 많은 교통수단이 있지만 그 조작 제어 기구는 다 다르게 생겼다. 그렇지만 자동차의 핸들은 모두 둥글게 되어 있다. 어린이용의 발로 굴리는 자동차도 핸들은 둥글게 생겼다. 물론 둥근 핸들이 양손으로 지탱하기 쉽기 때문에 몸이 안정되기도 하지만, 그 이유만으로 자동차의 핸들이 둥근 것은 아니다.

초기의 자동차는 둥근 핸들이 아니었다. 1783년에 만들어진 자동차 1호인 니콜라스 요셉 퀴뇨(프랑스의 군인)의 대포 운반용 삼륜 증기자동차 핸들은 자동차의 핸들 한쪽만을 앞바퀴에 연결한 것이었다. 당시에는 4륜 자동차에 맞는 핸들을 개발하기에는 기술적으로 무리였기 때문이다. 그 후 4륜 마차의 구조(앞바퀴의 차축 중앙에 회전대를 붙여서 자유롭게 돌릴 수 있도록 되어 있다. 이 전차축과 말의 수레를 연결시킴으로써 말이 진행하는 방향으로 앞바퀴가 회전하면서 수레가 따라간다)를 응용하여 앞바퀴의 축이 회전하는 4륜 자동차가 만들어졌지만 실패하고 말았다. 앞바퀴 하나가 자갈을 밟는다든지 하여 노면으로부터 충격을 받으면 차축도 돌아가 생각지 않은 방향으로 자동차가 나아가기 때문이었다. 마차는 채찍의 유도에 따라 말이 끌기 때문에 이런 일은 일어나지 않았었다. 자동차는 앞바퀴축이 안정되지 않으면 진행하는 방향을 제대로 조종할 수 없다.

이 실패로 자동차 핸들의 역사는 크게 방향전환을 할 수 있었다. 앞바퀴의 차축 자체를 방향전환할 수 있도록 하는 것이 아니라 가고자 하는 방향으로 향하도록 하는 연구가 진행되었다. 이것이 현재 핸들장치의 원형이다. 그리고 웜 기어가 개발되었다. 이는 앞바퀴의 방향을 돌리는 동안에 나사를 계속 돌려서 기어를 움직이게 만들었다. 나사를 쉽게 돌리는 손잡이로 일자봉이나 크랭크봉보다 둥근 핸들 쪽이 훨씬 간편했다. 이렇게 하여 자동차의 둥근 핸들이 탄생하게 되었다.

05
자동차 계기판의 속도와 실제 주행속도는 같을까?

자동차 속도계는 자동차를 만들 때 의도적으로 오차를 두고 만들어진다. 자동차 계기판의 속도계는 실제 속도보다 높게 나타나게 되어 있다. 실제 주행속도보다 계기판 속도를 높게 표시한다면 운전자들의 평균 운행 속도는 많이 내려가게 된다.

자동차의 안전운행을 위하여 대부분의 국가에서는 속도계의 지시오차를 법으로 규제하고 있으며, 이에 따라 자동차 제조회사에서는 법규에서 정한 지시오차가 발생하도록 속도계를 제작한다. 예를 들어 실제속도 100km/h로 주행한다면 속도계는 대략 100~112km/h 정도를 가리켜야 된다고 한다. 속도위반으로 경찰에 걸렸을 때 내가 실제로 달린 속도보다 10% 징도 낮은 속도로 스티커가 발부될 수도 있다는 말이다.

06

자동차 문을 열 때 정전기를 막을 길은 없을까?

자동차 문의 손잡이를 잡으려다가 정전기 때문에 깜짝 놀라는 일이 종종 있다. 정전기는 말 그대로 움직이지 않는 전기로, 특히 겨울철에 자주 발생한다. 겨울철에는 일반적으로 날씨가 건조하다. 습기가 많으면 습기 자체가 도체(전기가 흐르는 물질) 역할을 하기 때문에 전기가 정체하지 않게 된다. 이 불쾌한 정전기는 사람을 매우 놀라게 하는데, 없애는 방법이 있다.

손잡이에 손끝을 갖다 대지 말고, 손바닥 전체로 손잡이를 잡고 문을 열면 된다. 의류나 몸에서 정전기가 발생할 때 손끝을 손잡이에 갖다 대면 정전기가 손끝의 한 점에서 집중적으로 방전된다. 손바닥 전체를 손잡이에 갖다 대면 금속에 닿는 부분이 넓어져 정전기가 분산되므로 정전기의 방전으로 깜짝 놀라는 일은 예방할 수 있다.

07

타이어는
왜 모두 검은색일까?

아무리 디자인이 좋은 차라도 타이어는 검은색이다.

타이어는 주로 고무로 만든다. 고무는 원래 매우 부드러운 물질이다. 만일 고무를 그대로 타이어로 사용한다면 타이어는 자동차의 무게를 지탱하지 못한다. 타이어는 고무에 여러 가지 물질을 첨가하여 충분한 강도를 유지하도록 만들게 된다.

1912년경 카본블랙이라는 숯과 같은 물질을 첨가하자 고무의 강도가 10배나 증가했다. 그 이후 다양한 연구가 진행되고 있지만, 카본블랙보다 뛰어난 물질은 아직까지 발견되지 않았다. 이 카본블랙이 타이어의 색을 검게 만든다고 한다.

08

터널 속에는
왜 나트륨등을 켤까?

우리나라는 산이 많아 장거리 여행을 하다 보면 많은 터널을 통과하게 된다. 터널 속의 어둠을 밝히기 위해 켜는 조명등은 대개가 오렌지 빛의 나트륨등이다.

짧은 터널은 어떤 색의 램프를 달든 그리 큰 문제가 되지 않지만, 긴 터널은 많은 차들이 내뿜는 배기가스와 타이어 분진 등이 제대로 환기되지 않으면 빛을 산란시켜 운전자의 시야를 흐리게 한다. 오렌지색 불빛을 내는 나트륨등은 나트륨을 방전시켜 빛을 내기 때문에 안개나 배기가스 등으로 공기가 뿌옇게 되어도 멀리까지 볼 수 있다고 한다.

09

가솔린은 왜 오전에 넣는 것이 좋을까?

가솔린은 온도가 오르면 부피가 커지고 온도가 내려가면 부피가 줄어드는 성질을 가지고 있다. 그러므로 자동차에 휘발유를 넣을 때는 기온이 낮은 오전에 넣는 편이 기온이 올라간 한낮보다 부피가 적은 만큼 보다 많이 넣을 수 있다. 대부분의 상업용 차가 아침 일찍 가솔린을 넣는 것도 이 때문이다.

10

유조선이 산유국에 갈 때 탱크는 비어 있을까?

산유국에서 돌아오는 유조선은 원유를 가득 싣고 있다. 그럼 산유국으로 갈 때는 탱크 속이 비어 있을까?

유조선은 탱크를 채웠을 때를 기준으로 설계되어 있다. 그렇기 때문에 탱크가 빈 채로 바다 위를 달리게 되면 부력이

높아져 안정을 취하기가 상당히 어렵게 된다. 유조선은 배 전체가 알맞은 중량이 되도록 탱크에 바닷물을 채워 넣는다. 산유국에 도착하면 바닷물을 버리고 원유를 채우게 된다.

11

유조선의 원유유출 사고 후 바다에 남은 원유는 어떻게 처리할까?

유조선이 좌초되어 원유가 바다로 유출되는 사건이 가끔 뉴스를 장식할 때가 있다.

해안이 원유로 오염되면 양식장의 어패류와 해조류가 폐사하는 등 매우 큰 피해를 초래하는데, 그 환경오염 정도가 매우 크다. 유출된 원유를 제거하는 작업은 끝도 없다. 아무리 치워도 상당량의 원유는 바다 위를 떠돌게 된다.

다 치우지 못한 원유는 어디로 갔는지 해안가와 바다는 다시 원

래의 모습을 되찾는다. 바위틈이나 모래사장에 스며든 원유의 거의 대부분은 흙이나 물 속에 살고 있는 미생물에 의해 물이나 탄산가스로 분해된다. 자연은 그만큼 자기정화능력이 뛰어나다.

미생물을 이용해 오염된 환경을 복원하는 기술을 '바이오환경복원Bio-remediation'이라고 한다. 이 기술은 이미 상업적으로 이용되고 있는데 하수종말처리장, 쓰레기소각시설의 다이옥신이나 농작물에서 땅 표면에 스며든 농약 제거에도 큰 효과를 보고 있다.

제 14 장

지식의 즐거움 속으로!

책, 기록 잡학

01

공자의 『논어』도 금서였을까?

춘추전국시대의 사상가 공자는 세계 4대 성인으로 추앙받고 있다. 그런데 공자의 『논어』는 세계 최초의 금서였다. 『논어』는 공자가 쓴 책이 아니라 그의 제자들이 공자의 가르침을 기록한 책이다.

02

철학자 디오게네스는 정말로 통 속에서 살았을까?

그리스의 철학자 디오게네스는 욕심을 금하는 키니코스학파였다. 그는 세속의 재물을 철저히 부정하고 절제와 미덕으로 사는 것을 최고의 재산으로 여겼다. 키니코스는 그리스어의 키니시Cynisch 즉, '개 같다'는 말에서 유래했다. 키니시는 영어의 냉소적이라는 뜻의 '시니컬Cynical'의 어원이다. 세속적 욕심이 없는 사람들은 세상 일에 별 관심이 없으니 누군가 세속적인 질문을 해오면 냉소적인 반응을 보였을 것이고, 그래서 유래한 말이 시니컬이다.

거지철학자 디오게네스가 통 속에서 살았다는 이야기는 알렉산더 대왕과의 일화로 잘 알려져 있다. 알렉산더 대왕이 당대의 현자로 알려져 있는 디오게네스에게 가르침을 얻기 위해 찾아왔다. 알

렉산더 대왕은 디오게
네스에게 한 가지 소
원을 들어주겠다고 했
다. 통 속에 있던 디오
게네스는 "해를 가리
지 말고 비켜주시오"라
고 대답했다. 이 일화는 디
오게네스의 철학을 확실하게 보여주는 장면으로 더욱 유명하다.
하지만 디오게네스가 통 속에 살았다는 이야기는 어디에도 없다.

이 이야기는 로마의 사상가 세네카에게서 비롯된 이야기로 추정
된다. 세네카는 로마제국의 폭군 네로 황제가 어렸을 때 그의 스승
이었다. 그는 역모를 꾀한다는 네로의 의심을 받자 동맥을 끊어 자
살했다.

세네카는 디오게네스의 전기를 썼는데 거기서 언급한 내용이 잘
못 전해져서 위와 같은 이야기가 만들어진 것으로 보인다. 세네카
는 디오게네스에 대한 소감을 이야기하면서 "그렇게 소박한 생활
방식을 지닌 사람이라면 개처럼 통 속에서 살아도 잘 지낼 수 있었
을 것"이라고 적었을 뿐이라고 한다.

<table>
<tr>
<td>

03

**『기네스북』은
어디서 발행할까?**

</td>
<td>

세계 제일의 기록만을 모
은 『기네스북』은 영국의 맥
주회사인 기네스사가 발행
한다. 맥주회사인 기네스사
가 세계 제일, 세계 최고의
기록을 모아 책을 발간했던

</td>
</tr>
</table>

데는 이유가 있다.

『기네스북』의 출판을 제안한 사람은 기네스사의 전무였다. 1954
년의 어느 날 그는 아일랜드로 사냥을 갔는데, 사냥꾼들과 가장 빨
리 나는 새가 무엇인지에 대한 논쟁을 벌였다. 논쟁이 한참 진행되
는 동안 그의 머리에는 문득 떠오르는 것이 있었다. '세계기록에
대한 이야기만을 모은 책을 만든다면 술 마시며 나누는 이야기가
흥겨워져 맥주 판매도 늘어나지 않을까?'

이 아이디어로 인해 『기네스북』이 세상에 나오게 되었다. 『기네
스북』은 맥주 판매 촉진을 위해 말하자면 술안주로 만들어진 책
이다.

<table>
<tr>
<td>

04

**세계 최악사전도
있을까?**

</td>
<td>

세계 최고만을 모은 『기네
스북』은 전세계적으로 매우
유명하다. 『기네스북』과는
반대로 세계에서 제일 나쁜
것만 모아 만든 책도 있다.

</td>
</tr>
</table>

『세계 최악사전The best of the worst』은 '가장 지독한 구두쇠', '가장 어려운 골프코스' 등의 내용을 모아 재미있게 구성하여 미국에서 베스트셀러가 된 책이다. 이 책에 나오는 것 중에 세계에서 가장 '기가 막힌 이름'은 다음과 같다.

'차고가고구만차우가우가고구차우바나강강가마우'

미국의 매사추세츠주 웹스터에 있는 호수의 이름으로, 영어가 아닌 옛날 원주민의 말이라고 한다. 이 이름은 '내가 이쪽 물가에서 낚시하고 있을 때 자네는 저쪽 물가에 있어'라는 뜻이라고 한다.

05
'프랑켄슈타인' 은 어떤 괴물일까?

프랑켄슈타인은 드라큘라, 뱀파이어, 늑대인간과 더불어 손꼽히는 서양의 괴물이다. 하지만 프랑켄슈타인이라는 이름의 괴물은 원래 없다. 영국의 여류작가 셸리부인이 발표한 『프랑켄슈타인』 작품에서 이 이름은 괴물을 만들어낸 박사의 이름이지 괴물의 이름이 아니었다.

프랑켄슈타인이 괴물 이름으로 변한 것은 1931년 미국의 유니버설사가 이 소설을 영화화한 때부터이다. 괴물 이름이 없으면 판매에 지장이 있고, 이름을 짓자니 귀찮아서 박사의 이름을 괴물 이름으로 한 것이다. 영화는 대히트했다. 이후 이 괴물의 이름은 프랑켄슈타인으로 완전히 정착되었다.

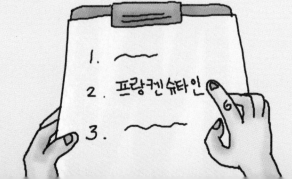

『걸리버 여행기』를 쓴 스위프트는 어떤 사람이었을까?

『걸리버 여행기』를 쓴 스위프트는 원래 교회의 사제였다. 그는 사제를 그만두고 정치가가 되려고 했다. 그는 여러 차례 정계진출을 시도했지만 모두 실패로 끝나고 말았다. 정치계에 입문하지 못한 자신의 인생을 비관하며 쓴 소설이 『걸리버 여행기』이다. 이 소설이 권력자에 대해서 신랄한 풍자가 많은 것은 이러한 배경이 있었기 때문이다.

이 소설은 스위프트의 기대를 뛰어넘어 대단한 인기를 끌었다. 하지만 스위프트는 작가가 되려는 생각이 없었다. 그는 더욱더 세상에 대해 부정적으로 생각하다가 결국 정신상태가 점점 불안정해져서 발작증상을 보였다고 한다.

로미오와 줄리엣은 며칠 동안의 이야기일까?

셰익스피어의 명작 『로미오와 줄리엣』은 세계에서 가장 유명한 러브스토리이다. 그렇지만 로미오와 줄리엣이 며칠 동안 사랑했는지를 정확히 알고 있는 사람은 별로 없다. 그들이 가장무도회에서 만나 사랑을 시작하고 죽기까지는 단 5일밖에 걸리지 않았다. 너무나 짧은 시간 동안 불타오른

두 사람의 사랑을 살펴보자.

〈1일〉 캐플렛가家의 무도회에서 두 사람이 처음 알게 된다. 유명한 발코니의 러브신이 있는 날이다.

〈2일〉 두 사람은 재빨리 로렌스신부 앞에서 결혼한다. 놀라울 정도로 빠르다. 돌아오는 길에 로미오는 줄리엣의 사촌 티볼트를 죽이고 만다.

〈3일〉 전날의 살인사건으로 인해 로미오는 추방당하여 줄리엣 곁에서 떠나게 된다. 줄리엣은 팰리스 백작과의 결혼을 강요받고 궁지에 몰린다.

〈4일〉 팰리스 백작과의 결혼을 피하기 위해 줄리엣은 자살한 척한다. 죽은 것으로 위장하고 로미오와 다른 마을로 도망치려는 것이었다.

〈5일〉 줄리엣이 로렌스신부를 통해 로미오에게 전하려는 말은 전달되지 못한다. 줄리엣이 죽었다고 생각한 로미오는 자살한다.

가사상태에서 깨어난 줄리엣은 로미오가 죽은 것을 보고는 그 자리에서 따라 죽는다.

08
『잠자는 숲 속의 미녀』는 몇 살에 왕자와 결혼했을까?

디즈니 만화영화로 더 많이 알려진 『잠자는 숲 속의 미녀』의 주인공 오로라공주는 마녀의 저주로 긴 잠에 빠지게 된다. 마법에서 풀려나 잠에서 깨어난 오로라공주가 왕자와 만났을 때 그녀의 나이는 몇 살이었을까?

프랑스의 작가 샤를 페로Charles Perrault의 원작에 따르면 약 120세이다. 오로라공주는 숲 속에서 100년이나 잠자고 있었으므로 대략 나이를 추정할 수 있다. 즉 오로라공주는 자신의 증증손자뻘 되는 왕자와 결혼했다는 얘기이다.

09
『신데렐라』의 신발은 유리구두가 아니라 가죽구두라는데 맞는 말일까?

궁중무도회에서 돌아오는 도중에 신데렐라의 유리구두가 벗겨진다. 그 후 신데렐라의 아름다움에 빠진 왕자는 그 유리구두를 들고 신데렐라를 찾아나서는데, 유리구두는 신데렐라 이야기에서 가장 중요한 매개체 역할을 한다.

하지만 유리구두는 번역을 잘못한 말이었다. 원래 이 이야기에서 신데렐라는 유리구두를 신은 것이 아니라 가죽구두를 신고 있었다.

지금의 신데렐라 이야기를 정리한 동화작가인 샤를 페로는 프랑스에 전해오는 옛날 민화를 바탕으로 이 이야기를 썼다. 이때 신데렐라가 벗은 하얀색의 가죽vair이 오역되어서 유리verre구두가 되었다고 한다.

10

『셜록 홈스』는 누구를 모델로 했을까?

명탐정 셜록 홈스는 소설의 주인공 이름이다. 셜록 홈스의 집이 있는 영국 런던의 베이커가 221번지는 실제로는 없는 주소이다. 그런데도 홈스의 집을 보기 위해 많은 사람들이 몰려들고 있다고 한다.

원작자인 코난 도일은 에든버러대학 의학부 학생이었던 시절 외과부장 조셉 벨 교수를 모델로 셜록 홈스를 썼다고 한다. 벨 교수는 초진환자의 질병상태는 물론이고 직업, 출생지, 현주소, 버릇 등을 한눈에 알아맞히곤 했다는 점에서 홈스와 똑같았던 모양이다. 또한 "작은 것에 주의하라. 환자를 초진하기 전에 먼저 통찰하고 추리하라"는 말을 학생들에게 입버릇처럼 해댔다. 이는 와트슨에게 설교하는 홈스의 모습과 그대로 빼닮았다.

도일은 대학 졸업 후 의사로 개업했으나 환자가 통 오질 않아 부업으로 역사소설을 썼다. 그러나 이것도 전혀 팔리지 않아 마지막으로 생각한 것이 바로 벨 교수를 모델로 한 탐정소설이었다. 만일 도일이 의사로 성공했다면 셜록 홈스는 세상에 태어나지 않았을지도 모른다.

11
반딧불이는 몇 마리가 있어야 글을 읽을 수 있을까?

옛날 차윤車胤이라는 중국의 관료는 소년시절 너무 가난해서 등잔의 기름을 살 돈이 없었다. 그가 반딧불이를 모아 그 빛으로 책을 읽고 공부했다는 이야기에서 '형설지공'이라는 말이 나왔다.

그렇다면 어느 정도의 반딧불이를 채집해야 실제로 책을 읽을 수 있을까? 여기에 도전해 본 사람에 의하면, 2000마리의 반딧불이를 모아 바구니에 넣자 어두운 방이지만 책을 읽을 수 있었다고 한다.